新时代大学生使命教育研究

赵广丰　著

中国纺织出版社有限公司

内 容 提 要

随着国家的发展和建设需要更多具有时代精神和社会责任感的优秀人才，新时代大学生使命教育成了迫切需要提升的教育难题，本书共八章，分别介绍了新时代大学生使命教育研究背景、新时代大学生使命教育概述、新时代大学生使命教育存在的问题、新时代大学生使命教育的基础、新时代大学生使命感的形成、新时代大学生使命教育理念与模式探究、大学生使命教育实施策略、大学生使命教育的未来发展方向。本书为从事大学生管理与教育工作的教师从事当代大学生使命教育工作提供一定的研究参考，为当代大学生使命教育研究具有一定价值。

图书在版编目（CIP）数据

新时代大学生使命教育研究 / 赵广丰著 . -- 北京：中国纺织出版社有限公司，2023.9

ISBN 978-7-5229-1000-0

Ⅰ . ①新… Ⅱ . ①赵… Ⅲ . ①大学生－思想政治教育－教学研究－中国 Ⅳ . ① G641

中国国家版本馆 CIP 数据核字（2023）第 175702 号

责任编辑：史 岩　　责任校对：高 涵　　责任印制：储志伟

中国纺织出版社有限公司出版发行

地址：北京市朝阳区百子湾东里A407号楼　邮政编码：100124

销售电话：010—67004422　传真：010—87155801

http://www.c-textilep.com

中国纺织出版社天猫旗舰店

官方微博 http://weibo.com/2119887771

北京虎彩文化传播有限公司印刷　各地新华书店经销

2023年 9 月第 1 版第 1 次印刷

开本：710×1000　1/16　印张：11.75

字数：210千字　定价：99.90 元

序言

教育一词源自孟子的“得天下英才而教育之”。教育是伴随人类社会产生并发展的，它与社会的进程息息相关。教育是根据特定社会的现实和未来需求，按照年轻一代身心发展规律，有目的、有计划、有组织地引导受教育者获取知识技能、塑造思想品德、发展智力和体力的活动。其目的在于培养受教育者成为能够适应特定社会（或阶级）需求、推动社会发展的人才。

教育是一种系统化的过程，通过教育可以传授知识，培养技能，促进个体全面发展。同时，教育也是价值观传承和道德规范的重要渠道，教育可以培养人的良好品德和道德素养。教育不仅关注个体的成长，也关注社会的进步和稳定。教育的发展需要不断适应社会变革和时代需求，不断创新教育理念和方法，以满足不同阶段和层次的学习需求。

教育是一个国家经济发展的重要推动力量，有良好的教育背景的人们能够更好地适应经济的变化。通过教育，人们的思想观念可以得到提升，道德水平也能得到提高，从而促进社会文明和进步。有良好的教育系统可以培养出更多的高素质人才，这些人才能够为国家的科技、军事等领域做出贡献，从而加强国家的安全保障。由此可见，教育对于国家和社会的重要性不言而喻。

随着中国进入新时代，国家的发展和建设需要更多具有担当精神和社会责任感的优秀人才来推动。新时代的大学生就是国家建设和发展的希望，也是实现中华民族伟大复兴的重要力量。作为未来的中坚力量，他们的成长和发展对于国家和社会的未来发展具有重要意义。因此，如何进行有效的使命教育，培养大学生的使命意识和责任感已经成为现如今高校学生工作展开的重要方向。

随着国家的发展和建设需要更多具有时代精神和社会责任感的优秀人才，新时代大学生使命教育成了迫切需要提升的教育难题，本书共八章，分别介绍了新时代大学生使命教育研究背景、新时代大学生使命教育概述、新时代大学生使命教育存在的问题、新时代大学生使命教育的基础、新时代大学生使命感的形成、新时代大学生使命教育理念与模式探究、大学生使命教育实施策略、大学生使命教育的未来发展方向。本书为从事大学生管理与教育工作的教师从事当代大学生使命教育工作提供一定的研究参考，为当代大学生使命教育研究具有一定价值。

在新时代，大学生所面临的挑战和机遇是前所未有的。他们需要具备全球化视野、创新创业精神和实践能力等综合素质，才能更好地适应和引领时代发展。同时，大学生也需要具备强烈的民族自豪感和爱国情怀，才能够为实现中华民族伟大复兴做出应有的贡献。

因此，高校学生工作需要针对新时代大学生的特点和需求，开展有效的使命教育。首先，要加强理论教育，通过宣传和普及新时代中国特色社会主义理论体系，引导大学生树立正确的三观。其次，要注重实践教育，通过社会实践和志愿服务等活动，培养大学生的实践能力和创新精神。同时，还要加强爱国主义和民族精神教育，提高大学生的文化自信和民族自豪感。

除此之外，高校学生工作还需要注重建立良好的教育机制和环境，营造浓厚的思想政治氛围。在教育机制方面，可以通过设置相关课程和考核制度推动使命教育的深入开展。在教育环境方面，可以通过加强师生沟通、组织丰富多彩的文化活动等方式，营造浓郁的思想政治氛围，激发大学生的使命意识和责任感。

随着新时代的到来，高校思想政治工作面临着新的形势和任务。新时代大学生具有自主、多元、开放、创新等特点，他们希望能够在学校这个平台上得到更全面、更系统、更深入的教育。因此，高校学生工作需要针对新时代大学生的特点和需求，开展有效的使命教育，培养具有担当精神和社会责任感的优秀人才。大学生使命教育工作是培养具有担当精神和社会责任感的优秀人才的重要途径。只有通过针对新时代大学生的特点和需求，开展有效的使命教育，才能够更好地满足国家和社会发展的需要，推动中华民族伟大复兴的实现。

赵广丰

2023 年 7 月

目录

第八章　大学生使命教育的未来发展方向

参考文献

第一章

新时代大学生使命教育研究背景

第一节　当前新时代社会现状

随着中国经济发展进入新常态，经济结构调整和产业升级已成为当前经济发展的重要方向。在这个背景下，数字化、智能化和绿色化等新兴产业正快速发展，给大学生创新创业带来了更广阔的天地。

数字化经济的兴起衍生出许多新的行业和就业机会。这些新兴产业需要具备高度的技术能力和创新意识，而大学生正是这些领域中最有潜力的人才。智能制造和智慧城市建设等领域也呈现出快速发展的趋势。随着人工智能、机器人技术等新技术的应用，传统制造业正在向智能化转型。同时，智慧城市建设也需要大量的专业人才来推动。随着环境污染问题的日益突出，绿色经济和环保产业的发展越来越受到社会关注。绿色经济和环保产业的发展也成了当前经济发展的重要方向。大学生不仅需要掌握相关技术和知识，还需要具备环保意识和社会责任感。

新时代社会的文化传承和创新面临着新的问题。随着社会的多元化和国际化，大学生需要具备跨文化沟通和交流的能力。他们需要理解和尊重不同文化之间的差异，同时也要克服语言和习惯等方面的障碍，建立起跨文化的交流桥梁。

文化认同和文化自信也成为当前文化教育的重要内容。大学生需要通过学习和领悟自己民族的历史文化、优秀传统文化等方面来提高自己的文化认同感和文化自信心，从而更好地继承和发扬中华民族的优秀传统文化。文化创新和文化产业的发展也成了当前文化教育的重要领域。随着时代的变迁和科技的进步，新兴文化产业如影视、音乐、游戏等行业正在崛起。大学生需要具备良好的文化素养和创新能力，才能够在这些领域中崭露头角。

此外，国际环境也发生了深刻变化。全球化的趋势日益明显，国际竞争和合作的格局正在不断调整。同时，国际安全形势复杂多变，国际贸易保护主义和单边主义抬头，也给大学生的国际视野和国际交往带来了新的考验。

随着经济全球化的深入发展，国际竞争与合作的关系更加密切。大学生需要具备全球化视野和跨文化交流能力，了解国际贸易、投资和金融等领域的知识，为新的国际竞争和合作做好准备。

国际安全形势的复杂性对大学生带来了更多挑战。除了传统的军事安全问题，恐怖主义、网络安全、环境卫生等问题已成为国际社会共同面临的挑战。这些问题不仅威胁到国际社会的和平与安全，也对人们的生命和健康造成威胁。此外，随着国际贸易保护主义和单边主义的抬头，国际合作和交往也面临着困难。大学生应加强对国际局势的了解和分析，掌握当前国际政治、经济和社会发展趋势，以更好地适应和应对变化。同时，大学生还应该关注国际热点事件和问题，增强应对突发事件和危机的能力，具备跨文化交流和沟通的能力，包括语言交流、文化认知、情感理解等方面的能力。这些能力将有助于促进相互理解和尊重，缓解文化差异带来的误解和矛盾。

面对国际安全形势的复杂性，要求新时代大学生具备更全面、更综合的能力和素质，只有不断提高自身素质和能力，才能更好地应对国际安全形势的挑战。

在全球化和信息化的背景下，大学生需要具备全球化视野和跨文化交流能力，同时也要关注国际竞争和合作、国际安全形势和全球公共事务等方面的问题，为实现中华民族伟大复兴发挥自己的作用。

新时代人们对美好生活的目标也在不断升级。人民对于更高水平的教育、医疗、社保、环境等方面的期望越来越高，这对大学生的责任感和担当精神提出了更高要求。

第二节　当代大学生社会价值认知研究

一、社会价值认知的理论基础

社会价值认知是指个体在日常生活和社会交往中，对社会价值观念的了解和认同程度。社会价值认知包括个体对社会价值标准、行为规范、道德伦理等方面的把握和认识。这些认知不仅能够影响个体的行为决策和行为方式，还能够影响个体的心理状态和社会角色。因此，社会价值认知是人们对社会现象、社会事件的一种思考方式和态度，也是人们在社会交往中所遵循的行为准则和规范。

在现代社会，社会价值认知对于个体的生存和发展具有重要的意义。良好的社会价值认知能够帮助个体更好地适应社会环境，增强对社会责任和义务的认识和承担，提高自我管理和自我调节的能力，并实现人生目标和价值追求。而缺乏或错误的社会价值认知则会导致个体的行为偏离社会规范和价值标准，影响个体的社会形象和人际关系，甚至可能导致社会问题和矛盾的产生。

社会价值认知的理论基础主要有以下四方面。

（一）道德发展理论

道德发展理论是指一系列关于人类道德认知和行为发展的心理学理论。该理论认为，个体的道德行为和观念是在个体与环境相互作用下逐渐形成发展的。在这个过程中，个体逐渐形成对社会价值的认知和理解，并在此基础上逐步形成自己的道德判断和行为准则。

道德发展理论的起源可以追溯到美国心理学家劳伦斯·科尔伯格。他在20世纪后期提出了道德发展领域的重要理论，“道德发展阶段理论”。该理论主要包括以下三个层次。

（1）前传统道德阶段：前传统道德阶段是指人类社会发展的早期阶段，即在没有形成明确宗教和哲学体系之前的时期。在这个阶段，人们的道德观念主要来源于生活经验和本能反应，缺乏系统化和理性化的思考。前传统道德阶段是人类道德观念发展的初期阶段，其道德规范主要基于人类的天性和本能反应，缺乏系统化和理性化的思考。同时，这一阶段的道德观念也与当时的社会结构和文化环境密切相关。此阶段的个体主要受到外部权威和规则的约束，对道德问题缺乏独立的思考和判断能力。

（2）传统道德阶段：传统道德阶段是指人类社会在宗教和哲学思想逐渐发展成熟后，形成了一套系统化和理性化的道德观念和规范的时期。这个阶段通常被认为是从公元前500年左右开始，一直延续到18世纪末或19世纪初。

在传统道德阶段，道德观念主要来源于宗教信仰和哲学思想。例如，在西方文化中，基督教和古希腊哲学是两大重要的道德源泉；在东方文化中，儒家、佛家和道家等哲学体系对道德观念的形成也起到了重要作用。这些宗教和哲学体系强调人类的自由意志和理性，提倡爱、善、美等高尚的道德品质，并将其具体化为一系列道德准则和规范。

传统道德阶段是人类道德观念发展的一个重要阶段，其道德观念和规范主要来源于宗教和哲学体系，强调人类的自由意志和理性，提倡高尚的道德品质，并具体化为一系列道德准则和规范。同时，道德规范的制定和执行主要依靠宗教机构和政治权力。此阶段的个体逐渐接受社会规范和权威，开始形成自己的道德判断标准，但仍然受到外部权威的影响。

（3）后传统道德阶段：后传统道德阶段是指在现代化进程中，传统观念和价值体系被逐渐摒弃，取而代之的是以个人利益为导向、以市场经济为核心的多元化社会。在这个阶段，人们对于道德的认识和评判标准也发生了深刻的变化。

在后传统道德阶段，传统的道德观念被逐渐摒弃，人们更加注重自我实现和个人利益的追求。社会经济的不断发展，追求物质享受和经济利益成为主流。由于社会的多元性和复杂性，人们对于道德评判标准的要求也产生了多样化和差异化。在后传统道德阶段，道德的教育和引导变得更加复杂和困难。传统的道德教育方式已经无法满足现代人的需求，需要寻求新的方式和途径来进行道德教育和引导。同时，大众媒体和互联网的普及也使道德教育变得更加复杂和困难，人们可能会接受到各种不同的道德信息和观念。

此阶段的个体能够独立思考和判断道德问题，不再受到外部权威和规则的束缚，能够形成自己的独立判断标准。

除了科尔伯格外，欧美地区还有其他心理学家提出的道德发展理论，例如，吉尔伯特·哈维的“情感主义”、尤金·古德曼的“社会认知理论”等。这些理论都强调个体在道德认知和行为发展中的重要作用，并认为道德判断和行为是一个长期的、不断演化的过程。

（二）社会认知理论

社会认知理论是社会心理学领域的一个重要理论，起源于 20 世纪 20~30 年代由德国心理学家创立的格式塔心理学。该理论强调整体不仅受个别元素的影响，而且局部过程也受到整体内在特性的影响。因此，为了全面理解整体的性质，需要从整体结构到各个组成部分的特性进行“自上而下”的分析。

社会认知理论认为，人们在社交互动中采用的认知策略不同，导致了对同一事件的不同解释和评价。同时，人们受到自身经验、态度、信念和价值观等因素的影响，这些因素影响人们对社会现象的感知、理解和处理方式。社会认知理论还强调非言语性沟通在社交互动中的重要作用，如肢体语言和面部表情等可以传递情感和信息。人们在感知和理解世界时，会根据自身的认知框架和经验，对所遇到的事物进行加工和整合。他们会寻找已有的概念和思维模式，以便更好地理解和解释新的信息。通过将新信息与已有的知识联系起来，人们能够将复杂的现实世界简化成易于理解和处理的形式。这种组织、知觉和解释方式影响着我们在所有情境，尤其是社会情境中的行为方式。

社会认知理论的具体理论如下。

（1）场论：强调人们的行为和思考是会受到所处环境场景影响的，是一种新的认知方式，它提出了人的行为和思考不仅是由内部机制决定的，还受到外部环境场景的影响。具体而言，就是环境场景能够影响人的感知、注意、认知、情感等心理过程，从而改变人的决策行为。

场论作为社会认知理论的一个具体理论，强调了个体在社会互动中所处的场景或环境对其认知和行为的重要性。它为我们理解人类社会互动的本质和规律提供了新的视角和工具。

（2）心理生活空间理论：心理生活空间理论是指人们在自身的内部和外部环境相互作用下，构建个体心理生活场所。这个场所包括了个人主观意识与客观现实之间的关系，以及在这种关系中发展起来的心理现象和行为。心理生活空间是一个动态的概念，它不断地随着人们的成长、经历和环境变化而改变，该理论主要探讨人们如何在心理上组织和存储空间信息。

（3）印象形成理论：人们拥有一系列的认知框架和思维模式，这些框架和模式是通过过去的经验和学习建立起来的。当面临新的信息时，人们会将其与已有的认知框架进行比较和匹配，以求得到更好的理解和解释。它认为，人们的印象形成不仅受到新信息本身的影响，还受到个体先前的知识、经验、态度等因素的影响。印象形成理论认为，人们在接收新信息时，并不是简单地将其记录下来，而是根据自己先前的知识和经验对其进行加工和解释，形成自己的印象。

（4）社会规范理论：社会规范理论，又称规范性理论，是一种伦理学和社会学的理论，旨在探讨规范如何形成、传播和遵守。社会规范理论认为，规范不仅来自法律，还源于道德准则、风俗习惯、社会规范等方面。它可以帮助我们更好地了解规范的本质和作用，认识到人们遵守规范的动机和意义，从而更好地引导人们积极参与社会生活，共同维护社会秩序和和谐发展。

（5）社会比较理论：社会比较理论旨在探讨人们如何通过与他人进行比较来形成自己的认知和评价，并且如何受到社会比较的影响。社会比较理论主要包括上下比较理论、内部比较理论、外部比较理论。通过不同维度的比较，评价自己的进步和成长、地位和价值，帮助我们更好地了解人们进行比较的心理机制、动机和影响因素，从而促进我们更加客观地评价自己和他人，并且在与他人交往中保持良好的心态和情绪状态。

（6）隐含人格理论：隐含人格理论是指个体对自己和他人的人格特征所持有的潜在观念。它源于个体对周围环境中的人们行为、语言等信息的感知和记忆，是一种非常基础的心理认知过程。隐含人格理论包括两个方面：自我隐含人格理论和他人隐含人格理论。

自我隐含人格理论是指个体对自己的人格特征所持有的潜在观念。这些观念可能与个体的意识不同，但会影响个体的情绪、态度和行为。自我隐含人格理论可以影响个体对自己的评价、行为选择和目标设定等。他人隐含人格理论是指个体对他人的人格特征所持有的潜在观念。这些观念会影响个体对他人的评价、互动方式和行为选择等。他人隐含人格理论也可能会影响个体的社交关系、职业选择和组织行为等方面。

隐含人格理论是一个相对稳定的认知结构，它可以通过自我反思、他人反馈和社会经验等方式进行调整和修正。

（7）归因理论：归因理论是研究人们在解释他人行为或事件时所采取的心理过程和策略的一门理论。具体而言，归因理论认为，人们会根据不同的因素来解释他人的行为，这些因素包括个人因素（如能力、性格特点等）和环境因素（如任务难度、外部压力等）。

归因理论主要分为内因归因理论、外因归因理论和交互作用归因理论，帮助我们更好地了解他人行为产生的心理，从而帮助我们更好地理解他人，增强沟通交流的能力和效果。

（8）社会公平理论：社会公平理论是指在社会分配和资源配置方面，人们对公正和平等的追求和实现。社会公平理论认为，每个人都应该有机会获得适当的奖励和回报，而不受其出身、性别、种族、财富等条件的限制。

社会公平理论主要包括机会公平、程序公正、结果公正三方面。机会公平是指每个人都应该有平等的机会去追求自己的目标和梦想，而不受其出身、性别、种族、财富等条件的限制。这意味着社会应该提供公正的教育、就业机会和其他资源，以确保每个人都有平等的机会去发挥自己的才华和能力。程序公正是指社会制定的规则和程序应该是公正和透明的，以确保每个人在竞争中享有公平的机会。结果公正是指每个人都应该按照他们的贡献和表现来获得公正的回报和奖励。这意味着社会应该根据个人的能力和才华来分配资源和财富，而不是根据其出身、种族、性别等条件。

社会公平理论是一种重要的价值观和理念，它关注每个人都有平等机会和公正回报的权利。

（9）认知不协调理论：认知不协调理论是由美国心理学家莱昂·费斯廷

格在20世纪50年代提出的一种社会心理学理论。该理论认为，当人们的信念、态度或行为与他们所接收到的新信息和经验不相符时，就会产生认知不协调的状态，从而引发一系列的心理和行为反应。

认知不协调通常是由于人们持有的某些信念、态度或行为与他们所接收到的新信息和经验不一致所导致的。这种情况下，人们会感到一种不适和紧张，需要采取措施来解决认知不协调的状态。人们通常会采取一些措施来解决认知不协调的状态，比如，改变自己的信念、态度或行为，或者寻求更多的信息来解决认知不协调的矛盾。认知不协调可能会对个人产生负面影响，如焦虑、压力等，但也可以促进个人的成长和发展，提高人们对自己和世界的认识水平。

（10）认知均衡理论：认知均衡理论是由美国心理学家弗里德里希·海斯在20世纪50年代提出的，强调人们在认知上追求一种内部平衡，当认知元素之间不一致时，会通过相应调整以实现平衡，这种状态被称为“认知均衡”。

人们的认知系统由许多元素组成，包括人、物品、事件等。这些元素之间存在着各种关系，如喜欢、不喜欢、支持、反对等。在一个认知系统中，如果其中任意两个元素之间的关系发生变化，那么其他元素也需要相应地进行调整，以达到一种平衡或稳定状态。

认知均衡理论中最常见的结构是三角形结构，其中包括一个人和两个物品（或事件）之间的关系。这种结构通常会产生认知均衡的状态，但也可能出现认知不协调的情况。

这种理论有助于我们更好地了解人类认知和行为的本质，提高我们对社会和人际关系的认识水平。

（三）文化心理学理论

文化心理学是心理学的一个重要分支学科，它主要研究人类在不同文化背景下的思维、情感和行为等方面的变化规律。其名称正式出现是在20世纪60年代，最初的定义来自人类学家戴沃斯和希普勒。他们认为，文化心理学是一门研究文化和心理之间关系的学科。

现代文化心理学的发展可以追溯到20世纪80年代，美国心理学家坎特提出了文化心理学的概念，并将其定义为“研究人类思维和行为的文化共同性和个别性”。这一定义为后来文化心理学的发展奠定了基础。

美国心理学家科尔、施维德和伯施都是文化心理学领域的重要学者，也是文化心理学的先驱，在 20 世纪 90 年代，他们通过对跨文化心理学和本土心理学的研究，提出了许多新的理论和观点，进一步推动了文化心理学的发展。其中，科尔提出了“文化模式”和“文化人格”的概念，探讨了文化与心理之间的相互作用；施维德则主张通过对文化心理学的研究，促进不同文化之间的相互理解和交流；伯施则致力于将文化心理学与社会学、人类学等领域进行跨学科融合。

文化心理学理论是一种跨学科的理论，它结合了社会学、人类学和心理学等多个学科的研究方法和理论，主要关注文化因素对个体心理过程和行为的影响。该理论认为，文化是一个人所处环境中最重要的因素之一，决定了个体的价值观、信仰和行为方式。

文化心理学理论主要包括以下五方面。

（1）文化差异：由于文化的多样性，人们在成长和社交过程中形成了不同的文化认知和行为模式，因此会产生一系列的文化差异。这种差异可能会导致不同文化间的沟通和理解困难，需要通过跨文化交流和相互了解来缩小差距，促进文化的交流与融合。

（2）文化认知：文化认知指文化因素对个体的注意、记忆、思考和解决问题等认知过程的影响。不同文化背景下的人们可能会采用不同的思考方式和策略来处理信息。在文化认知中，文化被视为塑造个体认知和行为的重要因素之一。文化不仅影响着个体对于世界的感知和理解，而且决定了个体的价值观念、信仰体系和认知风格等。文化认知是一种深层次的认知，它是人类社会互动的基础之一。文化认知不仅影响着个体对于世界的感知、理解和评价，而且决定了个体的行为方式和社会角色等方面。

（3）文化情感：文化情感是指人们在特定文化背景下产生的情感体验。不同文化背景下的个体可能会对同一个事件或事物产生不同的情感反应，这些情感反应与文化价值观念、信仰体系、历史经验等因素密切相关。

文化情感对于理解人类社会互动和个体行为的本质具有重要意义。它不仅可以解释为什么同一个事件或事物在不同文化背景下会产生不同的情感反应，而且可以帮助我们更好地理解文化差异和交流。在跨文化交际中，了解和尊重不同文化背景下的情感表达和价值体系是非常重要的。

（4）文化行为：文化行为是指在特定文化背景下人们表现出来的行为方式和行为习惯。由于不同文化背景的差异，人们会在行为方式和行为习惯上表现出明显的区别。主要体现在礼仪、社交、食品、服饰、居住等方面。这种行为的差异反映了不同文化背景下的价值观和生活方式的不同，需要通过跨文化交流和相互了解来促进文化之间的交流与融合。

（5）文化转化：文化转化是指一个社会或国家在长期的历史演变过程中，不同文化、价值观念和思想观念之间发生相互影响、融合、取舍和改造的过程。当人们面临跨文化交流时，他们需要通过学习和适应来改变自己的行为和思维方式。

文化转化是一个复杂而长期的历史演变过程，它反映了人类社会和文化的多样性和变迁。在全球化的今天，不同文化之间的交流和互动越来越频繁，文化转化也将成为一个永恒的话题。

（四）社会学理论

社会学理论是对社会现象进行解释、分析和预测的一系列基本理论，从早期的实证主义思想家孔德到后来的结构化理论提出者吉登斯，以及严复的《群学肄言》和孙立平的《断裂》三部曲，社会学理论的发展经历了多个阶段和流派。实证主义强调通过观察和实证研究来揭示社会现象的规律性；功能主义关注社会结构和社会功能的相互关系；符号交互主义强调个体间的符号意义和交互作用；冲突理论强调社会中不同利益群体之间的冲突和权力关系等。这些理论在不同的时间和社会背景下得到了广泛应用和发展。

社会学理论认为，社会是由一系列互相关联的因素构成的系统，包括社会结构、社会文化、社会制度等。这些因素会影响个体对社会价值的认知和理解，从而决定了个体的行为方式和态度。

社会学理论是指对社会现象进行解释、分析和预测的一系列基本理论。在社会学研究中，理论是重要的指导性工具，能够帮助我们更加深入地了解社会现象的本质和规律，为社会治理和改革提供科学依据。常见的社会学理论有以下四种。

（1）功能主义理论：功能主义理论是社会学中的一种重要理论，它认为社会是一个由不同部分组成的整体，每个部分都有其特定的功能和目的。这些不同部分之间通过相互作用和协调来维持社会的稳定运转。

在功能主义理论中，社会被视为一个有机体，各个部分之间相互依存，共同构成了整个社会的功能系统。例如，在经济方面，生产、分配和消费是三个不同的部分，但它们之间存在着紧密的联系和相互依赖关系。在政治方面，法律制度、政府机构和公民参与也是不同的部分，但它们共同协作，维护社会秩序和公共利益。

在功能主义理论中，社会的运转是基于这些不同部分之间的互相配合和协调。每个部分都有其特定的功能和目的，彼此之间相互补充和支持，以维持整个社会的稳定性和一致性。因此，功能主义理论强调社会的稳定性和一致性。

然而，功能主义理论也受到了一些批评。其中最主要的是，它忽略了社会中的冲突和矛盾，过于强调社会的稳定性和一致性，忽视了不同阶层和群体之间的利益差异和权力斗争。另外，功能主义理论也被指责为对社会现象进行过度简化和概括，忽略了社会问题的复杂性和多样性。

功能主义理论认为社会是一个由不同部分组成的整体，每个部分都有其特定的功能和目的。社会的运转是基于这些不同部分之间的互相配合和协调，以维持整个社会的稳定性和一致性。虽然存在一些批评意见，但功能主义理论仍然被广泛应用于社会学和其他社会科学领域。

（2）社会冲突理论：该理论认为，社会是由不同阶层、利益集团和群体组成的，他们之间的斗争和冲突是社会发展的动力。社会冲突理论强调社会的不稳定性和动态性，认为社会制度和价值观念的存在是不平等和剥削的结果。

社会冲突理论认为，社会结构是社会冲突和矛盾的基础。不同社会阶级、群体之间因资源、权力、地位等方面存在的差异和矛盾是导致社会冲突的主要原因之一。社会中存在着不同阶级、群体之间的利益冲突。这些利益冲突表现在经济、政治、文化等各个领域中，比如工人与资本家之间的利益冲突、种族之间的歧视和排斥等。政治权力是社会冲突和矛盾的重要因素之一。不同阶级、群体之间争夺政治权力，是导致社会冲突的重要原因之一。

社会冲突和矛盾是社会变革和发展的动力。只有通过社会冲突和矛盾的解决，才能推动社会的进步和发展。强调了社会正义的重要性。社会正义是指社会中各个阶级、群体之间的平等和公正，是实现社会和谐和稳定的关键之一。

社会冲突理论帮助我们理解社会中存在的冲突和矛盾，以及这些冲突和矛盾对于社会变革和发展的影响。同时，社会冲突理论也提醒我们需要关注社会正义和社会稳定，促进各个阶级、群体之间的平等和公正。

（3）符号互动主义理论：该理论认为，社会是由不同个体之间的互动和交流构成的。人们对于符号和意义的理解和运用是社会现象产生的基础。

符号互动主义理论的核心概念是“符号”。符号是指任何具有特殊意义和价值的事物，例如，语言、姿态、表情、服饰、音乐等。符号不仅是对现实的反映，更重要的是它们在人们心目中所代表的意义。而这种意义是通过人们之间的交流和互动来共同构建的。

在符号互动主义理论中，人们的行为和思想是基于他们对符号的解释和理解。人们通过与他人的交互作用，共同构建了一种符号体系和社会意义，从而形成了文化和社会秩序。因此，符号互动主义理论强调了人际相互作用和社会关系的重要性，认为社会是由人们的互动和交往所构成的。

符号互动主义理论也强调了个人的主观能动性。在该理论中，个体并不是被动地接受社会规范和价值观念，而是通过自己的行动和互动来赋予符号以新的意义和价值。因此，在符号互动主义理论中，个体的行为和思想并非固定不变的，而是随着社会环境和互动关系的变化而变化。在该理论中，符号是构建社会秩序和文化的核心概念，同时也强调了个体的主观能动性。符号互动主义理论对于社会学、心理学、传播学等领域都有着重要的启示作用。

（4）结构主义理论：该理论认为，社会是由不同结构和制度组成的，这些结构和制度在社会中发挥着决定作用。在结构主义理论中，结构和制度被视为社会现象发展的基础，他们决定了社会成员的行为和思维方式。

在结构主义理论中，结构被视为文化和社会现象的核心。这些结构包括规则、符号、语言、价值观念等，它们不仅反映了社会和文化的特点，更重要的是它们对于人们的思想和行为产生了深远影响。例如，在语言中，词汇和语法结构规定了人们表达和理解信息的方式；在文化中，价值观念和信仰则规定了人们的行为准则和社会道德。结构之间存在着相互关联和相互作用的关系，这些关系是通过符号和模式来实现的。模式则是指一些基本的结构形式，如对立、二元性、同构等。结构主义理论认为，这些符号和模式在文化和社会中有着普遍的存在，并且是人们思想和行为的重要来源。

社会学理论能够帮助我们更好地理解社会现象，并提供科学依据来实现社会治理和改革。尽管社会学理论存在着多种不同观点和解释，但它们都对于社会发展有着重要的启示和影响。

二、大学生社会价值认知的特点

（一）社会价值的概念和特征

社会价值是指在社会生活中被认为有意义、有用处的事物和行为所具有的重要性。它涉及经济、政治、文化等多个方面，是人们对于社会现实的评价和期望，反映了社会成员的价值导向和审美取向。

在经济领域，社会价值体现为经济效益和社会效益的统一。经济价值不仅包括利润和财富的创造，还包括对社会和人类发展的贡献，如提高就业率、改善生产条件、保障消费者权益等。

在政治领域，社会价值体现为公平、正义和自由等基本价值观念的实现。政治价值不仅包括政府的合法性和民主制度的运作，还包括对社会公正和人权的保护，以及对全球和平与稳定的维护等。

在文化领域，社会价值体现为文化传承和创新能力的提升。文化价值不仅包括保护和弘扬传统文化，还包括推动文化多样性和跨文化交流，以及创造新的文化产品和服务等。

社会价值还涉及环境保护、公益慈善、教育和科学技术等多个方面。通过保护生态环境、促进社会福利、提升教育水平和推动科学创新等方式，可以为社会的可持续发展和人类的幸福做出贡献。

社会价值是相对的，不同社会群体和不同历史时期对于价值的认识和评价都可能存在差异。这种相对性反映了各个社会成员的文化背景、经验和信仰等方面的差异。

每个社会都有其独特的文化传统和历史沿革，这些因素会影响人们的思想意识和行为方式。例如，东方和西方文化的价值观念存在差异，东方文化强调“和谐”“尊重”“自律”等，而西方文化则更注重“自由”“平等”“竞争”等。

不同的经验和生活条件也会塑造人们不同的价值观念。在不同的历史时期和社会环境中，人们所经历的经济、政治、文化等方面的变化会影响其价值观念。例如，在经历过战争、贫困或民主转型等历史事件之后，人们的价值观念会发生变化，对于国家、民族、家庭等的认识和评价会产生不同的看法。

社会价值随着社会变迁而发生变化，旧的价值观念会被新的价值观念所取代，因此社会价值具有一定的动态性。随着社会的不断变革和发展，社会价值也在不断发生着变化。在这个过程中，旧的价值观念可能被淘汰或取代，而新的价值观念则会逐渐成为社会认同和行为的指导。

社会价值的变化并非是简单的线性进步或退步，而是一个复杂的历史过程。同时，社会价值的变化也不是完全脱离社会历史和文化传统的，它们会受到社会和文化的历史积淀和影响，同时也会对社会和文化产生反作用。

由于社会结构和文化背景的不同，社会价值具有多样性，在不同的社会环境中，人们的价值观念也会有所差异。不同的社会群体和不同的文化背景会导致价值观念上的多样性。

社会价值具有规范性，它可以作为社会行为准则和规范，影响着人们的行为和思想。它不仅是社会行为的指导原则，也是社会行为的约束规范。

社会价值能够引导个人树立正确的道德观念和行为准则，从而促进其良好的行为表现。社会价值还能够约束和规范个人的行为，使其遵守社会公共规则和法律法规，并且保持良好的社会风尚。同时，社会价值也能够促进社会的和谐稳定发展，增强社会凝聚力和向心力，提高社会信任度和认同感。

社会价值的规范性并非来自某种权威或外部压力，而是建立在社会成员之间的相互理解、认同和共识基础之上。

社会价值可以统摄不同领域和层面的价值，如道德价值、文化价值、经济价值等，都是社会价值的重要组成部分。道德价值主要关注人际关系中的道德标准和规范，涉及诚信、尊重、公正等方面的内容，对于维护社会公平正义、提高社会道德水平具有重要作用。文化价值也是社会价值体系的重要组成部分。它包括文学、艺术、传统习俗等方面的价值，是一个国家或民族的精神财富和文化遗产，反映着一种文化的认同和自豪感。经济价值主要关注物质财富和利益的分配和流动，涉及市场经济、商业活动、创新等方面的内容。这些不同领域和层面的价值之间并不是孤立存在的，它们互相联系、互相影响，共同构成了一个复杂而多元的社会价值体系。

（二）大学生社会价值观的形成

大学生社会价值观的形成是一个长期、渐进式的过程，主要受到以下四方面的影响：

1. 家庭教育

家庭是孩子最早接触到的环境之一，良好的亲子关系能够促进孩子的情感发展。父母的关怀和支持可以帮助孩子建立安全感和信任感，让孩子更加自信、积极和独立。

在家庭教育中，父母可以通过提供丰富的学习资源、培养好奇心和求知欲来激发孩子的学习动力。这样的教育方式能够帮助孩子从小就具备探究世界的能力。

家庭是孩子最早接受行为规范和道德准则的地方。父母的言传身教、日常生活中的言语和行为都会影响孩子的行为习惯和道德观念，家庭的行为规范和道德准则会成为孩子一生的行为基础。家庭是孩子第一个社交圈。父母的陪伴、游戏、互动等方式，都可以帮助孩子逐渐掌握社交技能和沟通能力，让孩子在家庭中学会与他人相处，为其日后的社交能力打下良好的基础。

2. 大学教育

大学教育是青年人进行高等教育和思想启蒙的重要阶段。

大学教育可以为大学生提供全面的学科知识和专业技能，帮助他们形成批判性思维和独立思考的能力。这些能力不仅有助于其未来的职业发展，也是培养正确社会价值观的基础。

大学也是一个社交平台，同学、老师及其他社团组织等都会对大学生的社会价值观产生影响。同学之间的相互沟通和协作可以促进其人际交往和沟通能力，也有助于培养大学生的集体主义精神和合作意识。同时，老师的言传身教、社团组织的宣传和活动等也会对大学生的社会价值观产生影响。

大学教育还为大学生提供了接触不同文化和思想的机会。在这里，他们可以接触到来自不同地区、不同国家甚至不同文化背景的人和思想，从而拓宽视野，增强跨文化交流和理解能力。

3. 社会环境

社会环境是大学生社会价值观形成的重要因素之一。不同的社会文化环境塑造了不同的价值观念，例如，西方国家注重个人主义和自由，而东方国家注重家庭和集体主义。大学生在接触不同社会文化环境时，会受到其文化中价值观的影响，从而产生不同的价值取向和理念。

社会经济环境会影响大学生对于金钱、权力、荣誉等的态度。在资本主义国家中，人们往往把金钱和物质生活放在首位，而我国更强调公平、正义。这种社会经济环境的差异也会导致大学生的社会价值观存在差异。

大学生对于权利、民主、公正等的看法在社会政治环境影响下也是不一样的。在民主国家，人们更加注重个人权利和自由，而在专制国家，人们则更加注重集体利益和稳定。这种社会政治环境的差异也会影响大学生的社会价值观。

社会历史环境是指社会发展的过程中形成的特定历史文化背景，它对于大学生的社会价值观产生着深远的影响。

历经战争之后的国家往往更珍视和平。在这样的环境下，人们更加意识到战争的破坏性和残酷性，认为和平是最宝贵的财富。因此，这样的历史环境对于大学生产生了强烈的和平意识和反战思想，希望通过自己的努力为世界的和平稳定做出贡献。

拥有悠久历史的国家往往重视文化传承和保护。在这样的环境下，人们更加关注文化遗产的保护和传承。这样的历史环境对于大学生产生了强烈的文化自信和文化认同感，激发他们对于文化遗产的研究和传承的兴趣和热情。

社会历史环境是塑造大学生社会价值观的一个重要因素。了解和认识不同的历史环境，有助于大学生形成正确的价值观念，增强文化自信和民族认同感，促进社会和谐与稳定。同时，在不断变革的时代背景下，大学生还需要通过不断学习和思考，逐步修正和完善自己的价值观念，为社会的发展和进步做出积极的贡献。

4. 媒体影响

现代社会的媒体平台非常发达，大学生可以通过各种渠道获取新闻、信息和知识。媒体对于塑造大学生的价值观念具有广泛的影响力，因此需要注意选择适合自己的媒体渠道，并对媒体的内容进行思考和分析。

大学生在选择媒体渠道时，应该考虑媒体的可信度和客观性。官方媒体通常会提供更加真实、客观的报道。同时，也应该注意避免一些偏激、极端的媒体渠道，以免产生误导和负面影响。

大学生应该对媒体的内容进行思考和分析。这意味着要学会区分事实和谣言，理性看待媒体报道中的立场和偏见。此外，还需要注意保持批判性思维，不盲目接受媒体的观点和论断，而是要根据自身的经验和知识进行分析和判断。

现代社会媒体平台的发展为大学生提供了丰富的信息资源，但如何正确地利用这些资源，并培养健康的社会价值观念是一个需要重视的问题。只有通过选择合适的媒体渠道、对媒体内容进行分析和思考，才能够更好地获取知识、增强自身素质，成为具有高尚品德和责任感的社会公民。

（三）大学生社会价值认知水平现状分析

1. 人与自然的认知状况

随着全球环境问题的不断加剧，包括环境污染、气候变化等，人类对于自然的认知和理解也在不断发展和变化。

大学生逐渐加深了对环境保护的认识。由于大学生接受了较高的教育和专业培训，他们逐渐意识到环境保护的重要性和必要性。因此，在日常生活中，他们开始采取各种措施来减少环境污染，如垃圾分类、节约用水、低碳出行等。

大学生对于气候变化和全球化的认知有所提高。随着经济全球化和气候变化的不断加剧，大学生逐渐认识到自然环境的重要性和脆弱性。他们开始关注全球气候变化的影响，以及自己应该承担的责任，并且积极参与环保活动和绿色发展。

大学生开始重视人与自然的关系。他们认为，人类应该在保护自然环境的同时，保持与自然和谐共生的状态。因此，大学生开始探索更加环保和可持续发展的生活方式，如使用绿色能源、减少浪费等。

但也有一些大学生缺乏对自然环境的尊重和保护意识，存在滥用资源、浪费能源等不良行为。虽然大学生普遍具备基本的环保知识，但是他们对环境问题的重要性和紧迫性的认识不足，缺乏深刻的环保理念和实际行动。

因此，我们需要加强大学生的环保教育，提高他们的环保意识，鼓励他们采取实际的环境保护行动。同时，也需要加强大学生的环保知识培训，提高他们的环境保护技能和科学素养，为实现可持续发展做出贡献。

2. 人与社会的认知状况

由于大学生处于成长阶段，他们开始强调自己的人际关系和社交能力，认为这对于未来的个人发展和职业规划都至关重要，开始逐渐认识到社会现实的复杂性和多样性。随着接受教育和社会经验的增长，大学生开始了解社会各个方面的情况，如经济、政治、文化等，能够更加全面地认识社会现实。开始对社会问题产生关注。随着社会的不断变革和发展，社会问题也日益增多，如贫困、环境污染、社会不公等。大学生开始关注这些问题，并且积极探索解决问题的途径和方法。

大学生逐渐认识到自己在社会中的角色和责任。他们开始意识到自己作为人类社会的一员，应该承担起一定的社会责任和义务，为社会进步做出自己的贡献。

在社会价值认知方面，大学生的水平相对较高，但仍存在以下问题。

大学生的社会责任感相对较弱。由于处于成长阶段，他们往往缺乏足够的社会经验和责任感，容易偏重自我发展和兴趣爱好，而忽略了社会责任和义务。对于一些复杂的社会问题，大学生的认知和理解还有待提高。虽然已接受了较高的教育和专业培训，但仍存在认知盲区和思维困惑。随着社会的不断变化和发展，大学生的社会价值观念也愈加多元化和碎片化，缺乏整体性和系统性，需要进一步完善和提高。

大学生对于人与社会关系的认知在不断发展和变化。这一时期的他们开始逐渐认识到社会现实的复杂性，关注社会问题、承担社会责任并且重视人际关系和社交能力的培养。这些都表明大学生已经成为推动社会进步的重要力量。但由于大学生来自不同背景和环境，对于社会责任和义务的认知存在差异，需要进一步加强教育引导和管理，以促进大学生的社会价值认知水平的全面提高。

3. 人与自我的认知状况

人与自我的认知状况主要指大学生对于自身的认知和理解程度。在大学生群体中，人与自我的认知状况表现出以下几个方面。

大学生开始逐渐形成自我认知和自我定位。随着年龄的增长和接受教育程度的提高，大学生开始了解自己的兴趣、特点、优势和劣势，能够更加清晰地认识自己。

大学生开始重视心理健康和自我管理。由于大学生处于成长发展的关键期，他们开始关注自己的心理健康和情绪管理，并且积极探索解决方法和途径。

大学生开始思考自己的职业规划和未来发展。他们开始关注职业市场和行业趋势，逐渐明确自己未来的职业目标和规划，并且采取有针对性的行动。

大学生开始强调自我提升和全面发展。他们认为自己的成长和发展需要全方位的提升，包括学业、专业技能、社交能力等多个方面。

也有一部分大学生缺乏自我认知和自我管理能力。他们不了解自己的优点和不足，缺乏对自己的全面认知和深刻理解，同时也没有有效的方法来管理自己的情绪、行为和思想；存在着过分追求个人利益和享乐主义的倾向，缺乏尊重他人、关心社会的意识和行动；缺乏对自我成长和发展的规划和意识，缺乏明确的人生目标和发展方向。

（四）影响大学生社会价值认知的因素

1. 家庭教育背景

大学生的家庭教育背景对其社会价值观和认知水平具有重要影响。良好的家庭教育能够培养出具有正确价值观和积极人生态度的大学生，而不良的家庭教育则可能给大学生的成长带来一系列的问题。

在家庭中，父母是孩子最重要的引导者和榜样，在言传身教中，他们可以向孩子传递正确的道德观念和行为准则，帮助孩子养成健康、积极的人生态度和价值取向。父母可以通过鼓励、引导等方式，帮助孩子养成良好行为规范，并且在交往中培养孩子的沟通、表达和合作能力，为其未来的社会交往打下坚实基础。

家庭教育也可以帮助大学生树立正确的人生目标和发展方向。在家庭中，父母可以帮助孩子认识自己的兴趣和潜力，并且鼓励其追求自己的理想和目标，为其未来的职业发展提供支持和指导。

2. 学校教育体系

大学作为传授知识和培养人才的场所，对于大学生社会价值认知的形成和发展起着至关重要的作用。学校教育体系不仅是学生接受知识和技能的平台，同时也是塑造学生价值观念和人格品质的重要环境。

在学校教育体系中，课程设置、教学方法、师资队伍等方面都会对大学生的社会价值认知产生影响。例如，通过开设相关课程，如公共政策、社会伦理等，可以引导学生了解社会问题和价值观，并且培养他们的责任感和社会意识；通过采用互动教学等方法，可以激发学生的思考和创新能力，促进他们的个性发展和多元化认知。

学校还应该注重培养学生的人文精神，道德修养、公民意识、国际视野等。这些素质能够提高学生的社会责任感和文化修养，有利于他们在未来的工作和生活中更好地适应社会环境和发挥作用。

3. 社交环境和社会经验

大学生的社交环境和社会经验也会对其社会价值认知产生影响。在不同的社交环境中，大学生接收到来自各方面的信息和影响，从而影响了他们的社会价值认知水平。

大学生的家庭和亲友圈子对其社会价值认知产生着重要影响。这些人对大学生的引导和建议，都会在一定程度上影响大学生的社会价值观念和行为模式。比如，如果大学生所处的家庭和亲友圈子关注公益慈善、尊重他人、关心弱势群体等社会责任和义务，那么大学生就有可能形成这样的社会价值观念。

在校园中，大学生可以参加各种社团活动，结交不同背景和兴趣的人，从而扩大了自己的社交圈子，并且接触到了不同的文化和思想。这些人和经历会给大学生带来新的视野和思考方式，从而影响他们的社会价值认知水平。

大学生的社会经验和实践也对其社会价值认知产生影响。在参加社会实践、志愿服务等活动中，大学生可以接触到不同的社会群体，积累实际的社会经验和技能。这些实践经验会让大学生更加深入地理解社会问题和现实状况，从而影响他们的社会价值认知水平。

因此，我们需要关注大学生的社交环境和社会经验，为他们提供多样化的社交和实践机会，促进他们的社会价值认知水平的全面提高。同时，也需要引导大学生正确处理不同社交环境和社会经验带来的信息和影响，培养健康、积极的社会价值观念和行为模式。

4. 传统文化和时代背景

传统文化和时代背景也是影响大学生社会价值认知的重要因素。在不同的文化背景下，人们的社会价值观念和认知水平有所不同。中国历史悠久，中华文化博大精深，因此，传统文化对于大学生社会价值认知的影响尤为重要。

中国传统文化注重“仁爱”“诚信”等道德理念的培养，这些价值观念对于大学生的社会价值认知具有重要意义。传统文化可以引导大学生的行为规范。例如，儒家思想强调“礼治”，即通过仪式和规范来维护社会秩序和人际关系，这对于大学生的社交能力和行为规范有积极的影响。

同时，随着时代的变迁，社会的发展和进步也对大学生的社会价值认知产生了深刻的影响。在当今社会，信息技术、经济全球化等新事物和新现象频繁出现，这些都对大学生的社会价值认知产生了挑战和影响。

在信息时代，大学生需要具备正确的信息素养和价值观念，避免受到虚假信息和误导的影响；在经济全球化背景下，大学生需要具备全球视野和跨文化交流能力，才能适应国际化的职业环境。

5. 个人经历和成长环境

大学生的个人经历和成长环境也会对其社会价值认知产生影响。不同的个人经历和成长环境会形成不同的价值观念和认知水平，从而影响了大学生的社会价值认知。

不同的家庭经历会对大学生的人生态度、情感表达、性格特点等方面产生影响，进而影响其社会价值认知水平。比如，经历过家庭暴力、离婚等问题的大学生，可能更加关注家庭和亲情，更容易产生责任感和同情心。

教育背景和学习经历也会影响大学生的社会价值认知。在不同的教育背景中，大学生接受到的教育内容和方法不同，从而影响了其思维方式和社会价值观念。比如，接受过素质教育、多元文化教育的大学生，往往更加外向、包容，更能够理解和尊重不同的文化和价值取向。

社会经历和自我实践也对大学生的社会价值认知产生影响。在面对不同的社会问题和实践经验中，大学生可以通过自我思考和反省，形成自己的价值观念和认知水平。比如，参加过公益活动、社会调查等实践项目的大学生，往往更能够理解社会问题和现实状况，更有社会责任感和行动力。

大学生社会价值认知的形成和发展是一个复杂的过程，受到多种因素的影响。为了促进大学生社会价值认知的提高和发展，需要加强教育引导、优化社会环境和提供更多的发展机会。

第三节　当代大学生社会责任要求研究

一、大学生社会责任概述

（一）社会责任的概念及其内涵

社会责任是指企业或个人在经济、环境、社会等方面履行自己应尽的义务和责任，为社会做出贡献。在当今社会，社会责任已成为各行各业的共识和要求，大学生作为未来社会的主力军，也需要承担起自己的社会责任。

大学生社会责任包括个人素质和道德修养、专业素质和职业发展、社会参与和社会服务等方面。具体来说，大学生应该具备正确的社会价值观和道德品质，努力提高自身的学业成绩和专业技能，掌握本专业知识和技能，不断提高自己的综合素质和竞争力，并且做好职业规划，选择适合自己的职业方向和发展路径，积极参与社会实践和志愿服务活动，了解社会现状和发展趋势，积极关注社会问题，为社会的进步和发展贡献自己的力量。

（二）大学生社会责任的特点

大学生社会责任具有以下四个特点。

（1）时代性：随着社会的发展和进步，大学生社会责任的内涵和要求不断变化和升级。这主要是由于社会的变革和发展所带来的新问题和新挑战。信息时代的到来，使大学生需要具备正确的信息素养和价值观念。在互联网和数字化技术的环境下，虚假信息和误导行为频繁出现，给人们的思想认知和价值观念带来了挑战。另外，在环保和可持续发展方面，大学生也需要承担更多的社会责任。

（2）全球性：经济全球化背景下，大学生需要具备全球视野和跨文化交流能力，才能适应国际化的职业环境。随着国际化程度的提高，企业对于员工的综合素质和跨文化能力的要求越来越高。大学生需要通过多元化的教育和实践活动，锤炼自己的国际视野和跨文化交流能力。

（3）个性化：大学生社会责任具有多元化和个性化的特点，需要根据不同的个人情况和专业特长来进行定制化教育。不同专业领域的大学生在社会责任方面的需求和能力也不同。例如，工程技术类专业的学生可能更关注技术创新和应用，而社会科学类专业的学生则更加关注社会问题和公共事务。因此，对于不同专业的大学生，需要针对其专业特点和学科特性，开展相应的社会责任教育，注重知识与实践的结合，并鼓励他们发挥自身优势，为社会做出贡献。

大学生的个性化需求和特长也需要被充分考虑。有些大学生具备一些独特的才能或者特长，这些特长可以被应用到履行社会责任行为中去，帮助他们更好地发挥自己的潜力和价值。

（4）实践性：大学生社会责任需要通过实践活动来实现，例如，社会实践、志愿服务等。这些实践活动可以帮助大学生更好地深入了解社会现实和社会问题，进一步认识个人责任和社会责任，增强社会意识和社会责任感，提高自身素质和能力，同时也可以为社会做出贡献。

（三）大学生社会责任的意义

大学生社会责任教育对于当代社会具有重要意义，主要体现在以下四方面。

（1）在不同的社会环境和文化背景下，个体的价值观念和世界观可能会受到很大的影响。通过社会责任教育，大学生可以接触到不同的社会群体和关注到不同的社会问题，从而对社会现实和社会问题有更全面、深刻的认识，形成更加科学合理、正义公正的价值观念和世界观。

人生的发展过程中，积极、乐观的人生态度和正面的价值取向非常重要。通过社会责任教育，大学生可以接触到各种充满挑战和机遇的社会实践活动，锤炼自己的实践能力和创新精神，增强对美好未来的信心和决心。

（2）提高大学生的社会责任感和参与度。社会责任教育能够提高大学生的社会责任感和参与度，让他们了解社会问题和现实状况，认识到自己应该承担的社会责任，愿意为社会贡献自己的力量，进而推动社会的进步和发展。

通过社会责任教育，大学生能够了解社会问题和现实状况，比如，贫困、环境污染、人口老龄化等，认识到这些问题的严重性和紧迫性，进而形成更深刻的社会责任感。

当大学生了解到社会问题的严重程度之后，会有一种强烈的内心驱动力，希望通过自己的行动来改变社会。社会责任教育能够培养大学生的社会责任感和社会意识，让他们愿意主动参与到各种公益事业中去，为社会做出贡献。

通过社会责任教育，大学生能够了解社会问题和现实状况，认识到自己应该承担的社会责任，同时也获得了一些解决问题的方法和技能。这些方法和技能可以帮助大学生更好地处理社会问题，提高其社会责任素养。

大学生是社会发展的主力军，他们的社会责任感和积极参与度直接关系到社会的进步和发展。通过社会责任教育，我们能够培养更多有社会责任感、有创新精神和实践能力的大学生，为社会的发展和建设注入新的活力和动力。

（3）社会责任教育能够使大学生得到更多的锻炼，让他们通过实践了解社会问题和现实状况，探索问题的解决方案，并付诸行动，从而提高其自身的实践能力和创新能力。

社会责任教育强调创新精神，要求大学生在实践中不断探索、创新。通过社会责任教育，大学生可以接触到各种社会问题，并尝试寻找解决问题的创新方法和思路，进而提高自己的创新思维能力。社会责任教育注重实践环节，通过参与各种社会实践活动，大学生可以亲身体验社会问题，学习如何处理和解决问题，进而提高自己的实践能力和解决问题的能力。

社会责任教育注重培养大学生的社会责任感和公民意识，让他们了解社会问题和现实状况，并通过自己的行动为社会做出贡献。这种积极向上的行为可以增强大学生的自信心和责任感，促进其个人成长。社会责任教育要求大学生在实践中学习、成长和创新，这符合当代社会对于高素质人才的需求。通过社会责任教育的培养，大学生可以更好地适应社会需求，成为具有创新精神和实践能力的优秀人才。

（4）推动社会主义核心价值观的传承和发展。社会责任教育是社会主义核心价值观的重要组成部分，能够帮助大学生深入理解这些价值观的内涵和意义，形成自己的正确价值观，并在实践中将这些价值观转化为自己的行动力。

综上所述，大学生社会责任教育具有重要意义，能够帮助大学生树立正确的价值观和世界观、提高社会责任感和参与度、培养创新精神和实践能力，同时也推动了社会主义核心价值观的传承和发展。因此，我们需要加强对大学生社会责任教育的重视，注重理论与实践的结合，切实提高大学生的社会责任素养和实践能力。

二、当代大学生社会责任要求分析

（一）具有较高的道德水准和社会责任感

当代社会对大学生的道德水准和社会责任感要求越来越高，希望他们能够秉持诚实守信、勤奋努力、尊重他人等良好品德，同时具备关心弱势群体、支持公益事业等社会责任。

作为未来社会的中坚力量，大学生应该始终保持良好的道德修养，树立正确的世界观、人生观和价值观。例如，大学生应该勤奋学习、踏实工作、积极向上，遵守诚实守信的原则，塑造健康阳光的人格魅力。

作为国家和社会未来发展的接班人，大学生需要牢记自己的社会责任，关注弱势群体、支持公益事业，积极参与社会实践和志愿服务活动，为构建和谐社会做出实际贡献。例如，大学生可以关注农村教育、环境保护、扶贫济困等社会问题，通过自己的力量和行动，帮助解决社会问题，推动社会进步。

大学应该注重德育教育和社会责任教育的开展，培养学生的社会责任感和创新能力，帮助他们成为具有社会责任感和公民素养的优秀人才。

（二）具备批判性思维和创新能力

当代社会对大学生的思维能力和创新能力要求越来越高，希望他们具有批判性思维和创新精神，能够独立思考、勇于创新，为社会发展做出贡献。

批判性思维能力是指在理解问题的基础上，通过评估和分析来得出结论的能力。当代社会发展迅速，各种信息层出不穷，大学生需要具备辨别真伪的能力，善于分析和判断事物的优缺点，并在此基础上进行决策和行动。

创新精神是指大胆尝试新思路、新方法，推陈出新，不断创造新价值的能力。当代社会需要不断地创新和进步，大学生需要具备开拓创新的意识和勇气，敢于挑战传统，寻找新的价值和机遇。

独立思考是指在面对复杂问题时，能够脱离固有思维模式，自主思考并提出新的见解和方案。当代社会需要具备独立思考的大学生，他们需要能够自主探索、寻找问题的解决方案，并在此基础上做出自己的选择。

在实践中，大学生能够深入了解社会现实，并通过实际操作来获得经验和技能。这种实践能力可以帮助他们更好地适应未来的职业发展和社会需求。

（三）具备跨文化交流能力和国际视野

随着全球化进程的加速，当代社会对大学生的跨文化交流和国际视野要求越来越高，大学生需要具备更强的国际竞争力和文化适应能力。具体包括较好的外语能力、跨文化交流和沟通能力，了解不同国家和地区的文化、教育和社会制度等，增强自身的全球化视野和文化素养，能够融入国际化的环境中，为国家的发展做出贡献。

（四）具备实践经验和创业能力

当代社会对大学生具备实践经验和创业能力的要求越来越高，希望他们能够通过实践锻炼自己的能力，同时具备良好的创业意识和创新精神，为社会和经济发展注入新动力。大学生需要具备在实践中掌握的技能和经验，以更好地适应未来的职业发展和社会需求。敢于尝试和创新，有独立思考和决策能力，能够在市场竞争中勇于拼搏，不断寻找新的商机和创新点。

（五）关注个人成长和发展

大学生作为未来的主人公，应该注重个人成长和发展，不断提高自身综合素质和竞争力。大学生应该认真学习专业知识，掌握一定的实践经验和技能，提高自己的专业素养。同时，应该关注行业前沿动态和新技术，不断更新自己的知识储备。注重发展自身的综合素质，包括语言表达能力、沟通能力、团队协作能力等。此外，还应该注重锻炼身体，保持良好的心理状态，增强抗压能力和适应能力。

（六）具备自我管理和领导能力

能够有效地规划个人职业发展和人生目标，制订可行的计划和策略，不断提升自己的领导力和管理能力，积极参加各种实践活动，锤炼自己的实践能力和创新思维，探索新领域和新模式，为未来的发展做好准备。

大学生作为未来社会的建设者，应该注重个人成长和发展，不断提高自身综合素质和竞争力。始终保持谦虚、刻苦和奋斗的精神，为实现自己的梦想而不断努力奋斗。

第四节　新时代大学生与使命教育的相关性

一、大学生是实现中华民族伟大复兴的中坚力量

如果大学生具备理想、道德、知识和文化，那么他们将成为国家发展的重要力量，在未来的社会中发挥更大的作用。

大学生具有广泛的知识面和专业技能，他们在各个领域中都有独特的优势和潜力。通过不断地自我学习和进修，大学生可以不断提升自己的综合素质和能力，为国家的经济、科技、文化等方面的发展做出积极贡献。

大学生应该具备高尚的道德情操和良好的品质。只有具备正确的人生观和价值观，才能够在未来的工作和生活中做出更加明智的选择。同时，大学生应该具备强烈的社会责任感和担当精神，为社会和人民群众做出积极贡献。

在大学期间，学生们会接触到许多新的思想、理论和技术，能够通过创新思维和实践应用和发展这些新事物，为国家的科技进步和经济发展提供支持。

国家和民族发展的中坚力量就是当代大学生，只有他们不断提高自身素质、积极参与国家和社会建设，中华民族才会走向更繁盛的未来。因此，我们应该重视大学生的教育和培养。

二、国家对大学生的使命要求

（一）热爱祖国，实现中华民族的伟大复兴

随着全球经济一体化和政治多极化的加强，各国之间的竞争日益激烈，中国在获得更多发展机遇的同时也面临着越来越多的挑战。中国的政治和经济发展受到了各种阻碍，而近年来，中国的领土和文化主权也遭受了不同国家的侵犯，这些威胁着中国的发展。

在面对各种挑战和困难时，大学生要以习近平新时代中国特色社会主义

思想为指导，逐步推进经济、政治、文化等各方面的发展。同时，大学生也要强化国家安全意识，坚决维护国家主权和领土完整，为实现民族复兴而努力奋斗。

（二）善于创新，建设中国特色社会主义

实现国家富强、民族振兴和人民幸福的美好梦想，需要经济持续发展和综合国力的不断提高。作为受过专业技术教育的大学生，应该主动扛起促进经济发展和科技进步的重任。科学技术是第一生产力，经济的发展必须依托先进的科学技术，而创新则是推动科学技术进步的必要手段。

因此，大学生要不断学习科学文化知识，掌握创新的技能，提高自身的创新能力。在日常学习中，大学生要积极参加各种科技竞赛和创新项目，争取获得更多的经验和成果。同时，也要关注前沿科技领域的发展趋势，积极探索新的科技应用和解决方案。

除此之外，大学生还应该将个人追求融入中国特色社会主义建设事业的发展中。只有以科技创新为核心，推动中国特色社会主义建设事业的快速发展，才能够引领经济发展、推动科技进步，为实现中华民族伟大复兴而奋斗。

大学生还应该积极探索和应用绿色、低碳、环保等可持续发展模式，以实现经济、社会和环境的协调发展。只有这样，才能真正实现国家富强、民族振兴和人民幸福的美好梦想。

（三）全面发展，提高自身的综合素质

大学生需要具备开放的思维、创新的精神和实践能力，在实践中探索各种问题，并结合自己所学的专业知识来解决现实的问题。这种能力的培养不能只依赖于教室内的学习，更需要通过社会实践等多种方式进行拓展和锤炼。

同时，大学生还应该注重人文素质的培养，包括道德修养、社会责任感、心理健康等方面。这些素质的提升将有助于大学生更好地适应社会环境和工作场景，也能够为国家和民族的发展做出更加积极的贡献。

总之，大学生需要具备广阔的知识视野、开放的思维方式和创新的精神，

通过实践锤炼和多方位培养，不断提高自身的综合素质，为实现中华民族伟大复兴和世界和平与发展贡献自己的力量。

三、使命教育对大学生的重要性

使命教育对大学生的重要性在于它有助于激发大学生的爱国热情、责任感和担当精神，引导他们立足本职工作，为实现中华民族伟大复兴而努力奋斗。

使命教育有助于激发大学生的爱国热情。爱国也是大学生应该具备的基本素质之一。它不仅代表着对祖国的热爱，更涵盖了对民族文化、历史和人民群众的关心与尊重。通过使命教育，大学生能够更加深入地了解国家和民族的历史、现状和未来规划，进而激发自己的爱国情感和自豪感。

使命教育可以从多个方面引导大学生热爱祖国。它可以让大学生深刻认识祖国的历史和文化，体会到民族精神的丰富内涵。让大学生意识到祖国的现状和发展方向，明确为什么要爱国，理解爱国的含义和内涵。大学生在实践中体验到爱国的真谛，如参加社区服务、志愿者活动、科技创新等，从而增强其爱国热情和责任感。

除了激发爱国情感外，使命教育还有助于培养大学生的自信心和创新精神。通过使命教育，大学生可以更好地了解自己的职业规划和发展方向，明确自己的价值观和人生目标。同时，使命教育也可以引导大学生在实践中发掘自己的潜力和才能，积极探索未知领域，锤炼创新精神和实践能力。

使命教育有助于培养大学生的责任感和担当精神。作为祖国的未来和希望，大学生不仅需要具备扎实的专业知识和综合素质，还需要承担更多的社会责任和历史使命。这些责任包括为国家和民族的发展做出贡献、为人民谋福利、促进社会进步等。

通过使命教育，大学生能够认识到自己肩负的重要责任，并且为了实现这些责任而不断努力奋斗。使命教育可以引导大学生树立正确的价值观和人生观，在实践中锤炼责任感和担当精神。使命教育还可以激发大学生的创新能力和实践能力，帮助他们更好地履行社会责任。

在实现社会责任和历史使命的过程中，大学生需要关注自身的成长和发展。通过使命教育，大学生可以更加清晰地认识到自己的个人价值和职业规划，明确自己的发展目标和方向。同时，使命教育也可以引导大学生不断提高自身的综合素质和能力水平，为实现社会责任和历史使命做好充分的准备。

大学生需要承担更多的社会责任和历史使命，在实践中锤炼责任感和担当精神，并不断提升自身的综合素质和能力水平。通过使命教育，大学生可以更加清晰地认识到自己的责任和使命，为实现中华民族伟大复兴和世界和平与发展做出积极贡献。

使命教育有助于引导大学生立足本职工作，为国家和民族的发展做出贡献。随着社会的不断发展和进步，大学生应该关注自己所从事的专业领域，并为国家的经济、科技、文化等方面的发展提供支持。通过使命教育，大学生能够更好地了解自己的工作使命和责任。

使命教育可以引导大学生关注自己所从事的专业领域，并明确自己在其中的重要角色和责任。通过了解行业发展趋势和前沿技术，大学生可以更好地把握自己的职业规划和发展方向，并为国家的经济、科技、文化等方面的发展提供有力的支持。

使命教育可以帮助大学生树立正确的价值观和人生观，认识到自己的工作使命和责任，激发工作热情和创新精神。通过参与各种实践活动和社会实践，大学生可以锤炼实践能力和人际交往能力，积累宝贵的工作经验和人生阅历。

使命教育还可以帮助大学生增强自信心和创新能力，提高专业技能和综合素质。通过不断学习、思考和实践，大学生可以不断提升自身的能力水平，为实现国家和民族的伟大复兴做出更多的贡献。

第二章

新时代大学生使命教育概述

第一节　大学生使命感概述

（一）大学生使命感的概念

大学生使命感是一种具有高度责任感和担当精神的心理状态，它需要正确的人生观、世界观和价值观的引领，并在不断实践中逐渐形成。作为祖国未来的希望，大学生肩负着更多的社会责任和历史使命，需要以实现中华民族伟大复兴为己任，积极投身到经济建设、科技创新、文化传承、环境保护等各个领域中去。

大学生是未来社会的中坚力量，他们的人生观、世界观和价值观对于个人成长和社会发展至关重要，故大学生使命感的培养和提高对于促进大学生全面发展、推动社会进步具有重要意义。思想政治教育、实践活动、自主创新等方式，可以帮助大学生树立正确的人生观、世界观和价值观，激发其内在的动力和积极性，提升社会责任感和历史使命感。

开展形式多样的课程、讲座、研讨等活动，可以使大学生深入了解党的路线方针政策、国家政治制度和文化传统，增强对祖国、民族和人民的归属感和责任感，树立正确的人生观、世界观和价值观。参与社会公益、志愿服务、科技创新等实践活动，大学生可以深入社会，关注社会问题，从而理解社会现实和历史背景，认识到自己的责任和使命，激发内在动力和积极性。

自主创新也是大学生实现自我价值、贡献社会的重要手段。开展创业、科技创新、文化创作等活动，大学生可以锻炼自主创新意识和能力，不断提高自身素质和竞争力，为社会发展和进步做出贡献。学校强调学术道德和职业道德，倡导正义、公平、诚信的价值观，加强教育管理，打造健康、积极、向上的学风、校风和社会风气。让大学生深刻认识到自己的责任和使命，从而在实践中践行社会责任和历史使命。

大学生使命感是一种具有高度责任感和担当精神的心理状态，需要在正确的人生观、世界观和价值观的引领下逐渐形成，并通过实践活动和教育培养提高。

（二）社会使命感与责任感关联紧密

在当今社会，个人的社会使命感和责任感越来越受到人们的重视。成为有社会使命感的人需要通过了解社会、关注社会问题和参与社会实践等方式来培养自己。这种意识是一种内在涵养，从大学生的内心深处发出，提醒大学生不要忘记所处的世界和社会责任。

只有了解社会的历史、文化、政治、经济、教育等方面，才能更好地认识社会现状和问题，并对未来社会发展做出预判和计划。因此，大学生应该多读书、多看新闻、多听讲座，以扩大自己的知识面和见识。此外，关注社会问题也是培养社会使命感的重要手段。社会问题是指影响社会全体或部分人群利益的各种现象和事件，包括贫富差距、环境污染、性别歧视、少数民族保护等。通过积极关注社会问题，大学生能够更好地了解社会现状，提高社会责任意识，并为推动社会进步做出自己的贡献。

通过实践活动，大学生可以将自己的理念和观念付诸实践，体验社会问题背后的真实情况，感受社会责任意识所带来的积极影响和成就感。例如，参与志愿服务、社区建设、环保行动等都是很好的社会实践方式。

责任感是指个人对于自己的工作、生活和学习所承担的责任的认识和担当精神。一个具有责任感的人不仅关注自己的行为和决策，也会关注周围的人和事物，并承担相应的后果和影响。他们会坚持自己的原则和价值观，以积极的态度去面对挑战和困境，并承担相应的后果和影响。

在工作领域中，具有责任感的人会尽力完成自己的工作任务，不断提高工作能力和素养。他们不会把问题推卸给其他人，而是勇于承担责任并采取积极措施解决问题。此外，他们会对自己的工作成果负责，有责任心地处理好每一个工作细节，确保最终结果的优秀和完美。

在生活方面，具有责任感的人会把自己的家庭、朋友、社区和环境视为自己的责任范围。他们会尽力维护家庭和睦、友情长存，与邻里和睦相处，同时还会关注环境保护和公益事业，积极投入社会实践和志愿服务中，为社会做出贡献。

在学习方面，具有责任感的人会认真对待每一门课程、每一个作业和考试，积极参与学校组织的活动和竞赛，不断提高自己的综合素质和能力。他们也会关注周围同学的学习情况和成长，愿意帮助和支持他们，共同进步。

在现代社会中，每个人都有自己的角色和职责，无论是在家庭、工作还是社交场合中，都需要对自己的行动负责。尤其在工作领域中，责任感更是至关重要。一个具有责任感的人会尽力完成自己的工作任务，不断提高工作能力和素养，同时也会对他人的工作负责，积极协助他人完成任务。

社会使命感和责任感是相互促进、相辅相成的关系。这种关系对于个人的发展和社会进步都具有重要的意义。

首先，社会使命感能够激发个人的责任感。社会使命感让个人认识到自己所肩负的重要责任和使命，从而激发起个人的责任感和担当精神。个人会更加清晰地认识到自己的责任所在，并且更加努力地为实现自己的社会使命而奋斗。

其次，责任感也能促进个人的社会使命感。个人承担起自己的责任，就能更好地关注社会问题和发展方向，从而形成自己的社会使命感。个人在工作、生活和学习中，始终保持高度的责任感，不断提高自身素质和能力水平，为实现社会使命做出更大的贡献。

最后，社会使命感和责任感的相互促进，能够推动社会的发展和进步。个人的社会使命感和责任感，直接关系到社会的稳定和发展。一个有社会使命感和责任感的人，会在工作和生活中表现出更高的自我要求和责任担当，为社会发展注入新的活力和动力。

个人的社会使命感和责任感是现代社会中不可或缺的素质。一个有社会使命感和责任感的人，不仅能够更好地关注社会问题和发展方向，也能在工作和生活中表现出更高的责任担当和自我要求。这种关系对于个人的发展和社会进步都具有重要意义。

第二节　新时代大学生使命教育的内涵

（一）爱国主义教育

爱国主义教育是培养大学生爱国情怀和民族精神的重要途径。爱国主义教育应该贯穿于全社会各个领域、各个层面，着力提高人民群众的爱国意识、民族自豪感和历史使命感。

（1）学校是开展爱国主义教育的重要场所，具有重要的社会责任和使命。学校应该通过纪念活动、讲座、课程等形式，引导学生了解祖国的历史发展和文化传承，了解中国特色社会主义理论体系和道路方针政策，增强对祖国、民族和人民的归属感和责任感。

通过举办纪念活动来引导学生了解祖国的历史和文化，引导学生深入了解历史事件的背景、意义和影响。邀请历史学家、文化专家等开设讲座和课程，让学生更加全面地了解祖国的历史和文化。

除了历史和政治教育之外，加强学生的思想道德教育和职业道德教育。开展各种形式的思想道德教育和职业道德教育活动，引导学生树立正确的价值观、严守社会公德、尊重师长、关心他人等道德理念，从而培养学生的爱国主义情感和家国情怀。

（2）家庭是培养大学生爱国情怀的重要基地。在日常生活中注重培养大学生的爱国意识，通过阅读、看电视、参观博物馆等方式，让大学生了解祖国的历史和文化。和大学生一起看新闻、讨论当前社会问题，让大学生认识到自己身处的社会环境和国家发展的现状和前景，从而增强对祖国的归属感和责任感。引导大学生关注国家大事和社会进步，以及弘扬中华优秀传统文化。更好地培养大学生的爱国情感，使他们成为热爱祖国、为社会做贡献的优秀公民。

（3）社会各界也应该积极开展爱国主义教育。政府部门可以加大对纪念馆、纪念碑等场所的建设和维护力度，为群众提供更好地瞻仰祖国历史、缅怀革命先烈的场所和条件。同时，社会团体也可以发挥自身作用，组织学习活动、志愿服务等形式，引导广大群众关注国家大事、参与公益事业，并在实践中增强爱国主义情感和民族自豪感。这些场所是民族记忆和精神传承的重要载体，通过它们可以让人们深刻认识到祖国的历史和传统文化。社会团体以组织学习活动、志愿服务等形式，引导广大群众关注国家大事、参与公益事业。例如，可以开展爱国主义教育、志愿服务、文化交流等活动，让广大群众深切感受到爱国主义情感和民族自豪感的力量。通过这些形式，可以增强人们对祖国的归属感和责任感，促进社会团结和进步。

政府部门和社会团体联合开展相关活动，共同加强爱国主义教育和民族精神传承。例如，可以举办纪念活动、文化节庆、主题论坛等，邀请历史学家、文化专家等参与，让人们更加全面地了解祖国的历史和文化，从而增强民族自信心和自豪感。

总之，爱国主义教育是新时代大学生使命教育的必由之路。通过学校、家庭和社会各界的共同努力，不断提高人民群众的爱国意识和民族自豪感，让每个人都成为有担当、有责任、有作为的新时代爱国者。

（二）专业素养教育

使命教育是指把个人的价值观和社会责任融入教育过程中，培养学生成为有担当、有情怀、有追求的公民。而专业素养教育是指针对某个特定职业的教育，旨在培养学生的专业知识、技能和态度，以胜任该职业需要的各种任务和工作。专业素养教育是高等教育的重要组成部分，也是建立人才培养体系的关键环节。在使命教育中，专业素养教育也是很重要的一环，它帮助学生理解自己所学专业的价值和意义，增强对职业的热爱和责任感。

专业素养教育在使命教育中的主要作用体现在以下四方面。

（1）培养学生的社会责任感：专业素养教育不仅要求学生掌握专业知识

和技能，还要让学生了解自己所从事的行业对社会的影响和责任。通过深入了解专业背景和相关政策法规，学生能够更好地认识到自身的社会责任和义务，培养出积极向上、有担当的公民精神。

（2）提高学生的实践能力：专业素养教育注重实践操作和实际应用，通过开展课堂实践、参观考察、实习实训等方式，提高学生的实践能力和解决问题的能力。这样能够让学生更好地适应职场环境，快速融入工作中。

（3）增强学生的行业认同感：专业素养教育在使命教育中还有一个重要作用，就是增强学生对所学专业的认同感，提高其对职业的热爱和信心。通过开展与行业相关的实践课程、参加专业社团和协会等活动，让学生更深入了解自己所从业的行业，进一步激发他们的学习积极性和创造力。

（4）培养学生的创新精神：专业素养教育注重培养学生的创新精神，鼓励他们在专业领域中进行创新实践。通过课程设计、科研项目、创业比赛等方式，为学生提供实践平台，鼓励他们勇于探索、大胆创新，提高其创新能力和竞争力。

专业素养教育在使命教育中具有非常重要的作用。它不仅帮助学生掌握专业知识和技能，更重要的是培养学生的社会责任感、实践能力、行业认同感和创新精神，让他们在未来的职业生涯中具有更强的竞争力和发展潜力。

（三）创新创业教育

创新创业教育是指针对当前社会经济发展的趋势和未来职业需求，通过开设相关的课程、活动和实践项目等方式，在教育中注重培养学生的创新思维、创造力和创业意识。这种教育模式不仅要求学生掌握所学专业的基础知识和实践技能，更重要的是注重培养他们的创新精神和创业能力，从而让他们更好地适应社会发展的变化和实现自身的价值。

（1）培养创新能力：创新创业教育是指通过开展各种形式的教学和实践活动，激发学生的创新意识和创新能力，培养他们成为具有创新精神和创业素质的人才。在创新创业教育中，学生需要接受开放性较强的教育形成，通过参与各种创新活动、项目设计等方式培养创新思维和创新能力。

具体来说，创新创业教育要求学生具备创新意识和创新能力，通过多种方式引导学生了解创新的概念、方法和过程，并提供创新实践的机会，让学生从实践中不断探索、发现和创新；强调学生的团队合作和沟通能力，通过项目设计、团队比赛等形式，让学生在团队中合作完成任务，锻炼其团队合作和沟通能力；注重学生对市场需求和商业模式的了解，通过企业实践、商业比赛等形式，让学生了解市场信息和商业模式，培养其市场分析和商业思维能力。

（2）培养创业精神：创新创业教育注重培养学生的创业意识和创业精神，帮助他们更好地理解市场需求和商业机会，从而找到自己的创业方向。创新创业教育通过启发式教学、案例分析、团队合作等方式，开发学生的创新思维，让他们更好地理解市场需求和商业机会，在创业时有勇气和信心。采用模拟创业实践的方式，让学生亲身体验创业过程中的挑战和机遇，培养出勇于创新、追求卓越、不断进取的创业精神。通过参加企业实习等方式，让学生了解创业的实际操作和企业文化，培养学生的实践能力和创业意识，为未来的职业发展打下坚实的基础。

（3）增强就业竞争力：随着市场竞争越来越激烈，创新创业教育能够帮助学生增强自身的就业竞争力。创新创业教育注重培养学生的实践能力和创新意识，让他们具备更多的职业技能和经验，在就业市场上更具优势。

（四）社会责任教育

社会责任教育是指在教育中注重引导学生关注社会问题、认识社会责任、培养社会责任感和担当精神的一种教育方式。它旨在引导学生树立正确的人生观、价值观和世界观，增强他们的社会意识和社会责任感，培养具有社会责任感的公民意识和担当精神。

社会责任教育的核心是让学生了解社会现实和问题，激发他们的探究精神和创新意识，为社会发展和进步做出贡献。具体来说，社会责任教育主要包括以下四方面。

（1）让学生了解社会问题。社会责任教育通过各种形式的教学活动，让学生了解社会现实和问题，引导他们认识到自己所处的社会环境和自己的社会角色，认识到社会问题对个人和社会的影响。

（2）培养学生的社会责任感。社会责任教育注重培养学生的社会责任感和担当精神，通过思想教育、情感教育和行动教育等方式，引导学生认识到自己承担的社会责任，激发他们为社会问题寻找解决方案的积极性和主动性。

（3）提高学生的社会参与能力。社会责任教育注重提高学生的社会参与能力，通过实践教学、志愿服务和社会实践等活动，让学生了解社会需求和问题，积极参与社会实践和公益事业，增强他们的社会参与能力和影响力。

（4）培养学生的优秀公民素质。社会责任教育旨在培养具有优秀公民素质的学生，包括具有公民意识、法治观念、健康心理、独立思考和创新意识等素质。这些素质是学生成长和发展的必备条件，也是建设和谐社会的基础。

社会责任教育可以帮助学生树立正确的人生观、价值观和世界观，增强他们的社会责任感和担当精神，培养具有优秀公民素质的人才。

（五）人文素养教育

人文素养教育是指通过课程设置、教学方法和实践活动等方式，培养学生的人文思维能力、文化素养和社会责任感。它旨在引导学生树立正确的人生观、价值观和世界观，增强他们的人文素养和人文精神，为未来的发展做好思想准备。

人文素养教育的核心是让学生了解人类文明的历史、传统和现代，理解不同文化之间的相互影响和交流，提高其文化自觉和文化自信。人文素养教育注重培养学生的人文思维能力，通过阅读文学经典、欣赏艺术作品、参观历史遗迹等方式，让学生了解人类文明的历史与传统，并从中汲取灵感和启示；注重提高学生的文化素养，让学生了解不同文化之间的相互联系，增强他们的文化自觉和文化自信。同时，通过多元文化教育、跨文化交流等形式，增强学生的国际视野和跨文化交际能力；注重培养学生的社会责任感，让他们了解社会问题和热点话题，并引导他们思考如何为社会做出贡献，从而培养其公民意识和社会责任感。

人文素养教育旨在培养学生成为文化传承者和创新者，让他们了解文化传统和文化创新的关系，并通过实践活动、创意设计等方式，开发和创新文化产品、文化服务和文化产业。

人文素养教育对于帮助学生树立正确的人生观、价值观和世界观十分重要，人文素养教育可以提高其文化素养和社会责任感，培养具有人文精神和创新能力的优秀人才。在实践中，需要加强教育内容的创新和完善，提高教育质量和效果，让更多的学生受益于这种教育。

第三节　新时代大学生使命教育的特点

（一）强调“使命”

新时代大学生使命教育是一种全新的思想教育体系，突出了“使命”二字，强调每位大学生都应该牢记自己的历史责任和社会使命。这种教育旨在引导大学生树立正确的人生观、价值观和世界观，激发他们的爱国热情和社会责任感，不断提高自身素质和能力，为实现中国梦、民族复兴做出积极贡献。

新时代大学生使命教育通过各种形式的教学活动，引导大学生了解祖国的历史、文化和现状，认识到中华民族伟大复兴的历史必然性和现实意义，培养爱国之情和民族自豪感。通过讲座、读书会、社会实践等形式，引导大学生认真思考自己在这个时代中的责任和作用，牢记自己的历史责任和社会使命，为实现中国梦、民族复兴做出积极贡献。

同时，新时代大学生使命教育注重培养全面发展的高素质人才，通过思想、文化、技能等多方面的培养，提高大学生的知识水平、实践能力和综合素质。通过开展志愿服务、社会实践等活动，引导大学生关注社会问题、了解社会需求，积极参与社会实践和公益事业，体现自己的社会责任感和担当精神。

（二）突出时代性

新时代大学生使命教育是一种注重对当前国家发展战略、经济建设、社会事业等方面的介绍，引导大学生认真思考自己在这个时代中的责任和作用，激发他们的爱国热情和社会责任感的教育方式。

通过讲授国情课程、组织参观活动等方式，帮助大学生了解中国的历史、文化、政治、经济、科技等方面的情况，认清中国所处的国际环境和发展形势。

介绍当前国家的发展战略、经济建设、社会事业等方面的最新成就和重大举措，引导大学生认真思考自己在这个时代中的责任和作用，激发他们的爱国热情和社会责任感。

通过组织社会实践活动等方式，让大学生亲身感受社会发展的实际情况，增强他们的社会责任感和担当精神。

开展爱国主义教育活动，让大学生了解中国的历史和文化，增强他们的民族自豪感和归属感，激发他们的爱国热情和责任感，培养具有现代化素质和全球视野的优秀大学生。

（三）引领未来

新时代大学生使命教育不仅强调当前的任务和责任，更要引导大学生放眼未来，勇担时代重任，积极探索和创造，为实现中华民族伟大复兴做出更大贡献。

新时代大学生使命教育要让学生了解自己所处的历史背景和时代使命，引导他们认识到自身的重要性和责任感，并激发其积极性和创造力。培养学生的战略思维能力，通过学习国家战略、产业规划和科技创新等内容，提高学生对于未来发展趋势的认知和预测能力，为未来的发展做好准备。鼓励学生积极探索和创新，通过开展各种实践活动、科技创新竞赛等形式，提高学生的实践能力和创新精神，为未来的发展做出更大贡献。引导学生承担社会责任，让他们了解社会现实和问题，并通过自己的行动为解决社会问题做出贡献，培养其公民意识和社会责任感。

（四）多元化教育

新时代大学生使命教育是一种全面的、系统的教育，不仅是单一的知识传授和普及，更要通过多种形式和渠道进行。这些形式包括但不限于课程设置、社会实践、志愿服务、文化活动等，让大学生在实践中感受和理解使命教育的内涵和价值。

具体来说，新时代大学生使命教育不应局限于课堂教学，而应贯穿于学生生涯的全过程。

针对新时代和未来发展的需要，开设与之相关的课程，如国家战略、产业规划、科技创新、创业就业、社会责任等课程，引导学生了解国家和社会的需要，培养其未来发展所需的知识、能力和素质；让学生在社会实践和志愿服务中，体验和理解新时代大学生使命教育的重要性和价值。同时培养其公民意识和社会责任感。开展多样化、有针对性的文化活动，如文艺比赛、文化讲座、文化交流等，引导学生了解中华文化的精髓和价值，增强其文化自觉和文化自信。

这些形式旨在引导学生从多个角度理解使命教育的内涵和价值，并在实践中不断提升自身的综合素质和能力。

（五）个性化培养

新时代大学生使命教育强调因材施教，注重发挥每位大学生的个性特点和潜能，为他们提供各种适合的培养渠道和机会，让他们在探索和实践中不断成长和进步。

因材施教是一种以学生为中心的教育理念，其核心是把学生作为一个有独特个性和潜力的个体来对待，通过多元化、差异化的教育方式和方法，激发学生的学习兴趣和自主学习能力。

实现因材施教需要以下四方面。

（1）了解学生的个性特点和潜能。教师应该通过多种方式了解学生的兴趣、爱好、优势和劣势等方面的情况，制订相应的教育方案，给予学生更具有针对性的指导和支持。

（2）提供多元化的教育方式和方法。针对学生的不同需求和特点，教师应采用不同的教学方式和方法，如讲座、案例分析、小组讨论等，使学生在不同的环境和场合中得到有效的学习和提高。

（3）建立多元化的培养渠道和机会。教师应该为学生提供多样化、个性化的培养渠道和机会，如社会实践、科技创新、文化活动等，让学生在不同领域中有所涉猎，并发掘自身潜力。

（4）鼓励学生自主学习和自我管理。教师应该鼓励学生自主学习和自我管理，引导他们明确自己的学习目标和方法，同时培养其自我调节和自我完善的能力。

因材施教是新时代大学生使命教育的重要内容之一，可以帮助学生发挥出个性特点和潜能，提高其自主学习和自我管理能力，为未来的发展做好准备。在实践中，需要加强教育内容的创新和完善，提高教育质量和效果，让更多的学生受益于这种教育。

第四节　新时代大学生使命感、责任感认知现状

当代大学生普遍具有理想和抱负，他们希望自己能够成名成家、出人头地。然而，一些大学生却忽视了将个人理想与社会责任紧密联系起来。

这些大学生更多的是关心自己的命运和个人发展，强调个人利益。他们缺乏对社会责任的认同，往往只顾眼前的利益和自身需求，忽略了自己作为社会成员所应承担的责任。这种个人主义的倾向，不仅削弱了集体意识和团队精神，也影响到了社会的整体发展。

同时，随着社会的不断发展，大学生们对自我的要求也越来越高。他们注重自身素质的提高，通过各种方式不断充实自己的知识储备和技能水平，以满足自身的职业发展和个人成长需要。此外，他们更加注重自我管理和自我实现，通过各种途径如读书、旅游、参加社会活动等，不断拓宽自己的视野和经验，提升自己的综合素质和能力水平。

随着市场经济的发展和社会的进步，大学生们逐渐摆脱了传统的集体意识和社会意识，开始更加注重个人意识和利益要求的实现。他们将自我实现和个人发展作为最高追求，注重自身素质的提高和自我管理的完善，以满足职业发展和个人成长的需要。

其中，意志品质不坚定是导致大学生缺乏社会责任感的原因之一。这类大学生可能遇到困难时容易放弃，缺乏担当精神和解决问题的能力。此外，

某些大学生可能只顾个人利益，忽视了身为公民应尽的义务和责任。

（一）思想上对社会责任感的认识不够客观

一些学生对社会责任感的认识存在一定的问题，缺乏客观性和全面性。首先，他们可能将社会责任感与家庭责任感混淆，没有意识到两者之间的区别和联系。其次，还有一些大学生对社会责任感持漠不关心的态度，认为与自己无关，这种消极的态度不仅会限制个人的成长和发展，也会对社会产生不良的影响。

当面临具体问题时，这些学生常常归结于外部环境的原因，而不愿从自身找寻解决方法，导致行动上缺乏作为，这实际上也是缺乏责任心的表现。他们需要意识到，每个人都是社会的一分子，都应该为社会的繁荣和进步做出贡献。

（二）行为上重视个人价值，轻视集体与社会利益

个人主义的倾向在现代社会十分普遍。虽然追求个人利益是每个人的天性，但在一个群体中，个人的利益不应该是唯一的考虑因素。相反，我们应该更加注重集体主义和社会责任感。集体主义鼓励个人关注整个团队或社会的利益，而非仅关注自己。这种思想能够培养人们的合作精神、团队意识和社会责任感，从而更好地服务于整个社会。

同时，作为高等教育的受益者，大学生应该担起为社会和集体做贡献的责任。他们应该更积极地参与到社会公益活动中，关注社会热点问题，以实际行动践行社会责任感。在实践中，大学生应该养成良好的社会习惯和行为，如勤俭节约、遵纪守法、尊重他人等，同时也要强调个人的自我完善和发展，但不应该因此而忽视对社会的责任。

（三）实践上重视权利的享受，轻视义务的履行

在当今社会，尽管大学生普遍具备一定的文化素质和专业能力，但仍有一部分人对社会责任感的认识存在一定的偏差。他们往往更加注重苛求别人、苛求社会应该如何做，而忽视了自身应尽的义务和责任。他们常抱怨他人，

却很少从自身做起，去履行自己的义务，并为国家和社会发展做出自己的贡献。

这种态度和行为可能源于对社会责任感的理解不够全面和深入。社会责任感不仅是对社会问题有所关注和批评，更重要的是要从自身做起，履行个人的社会责任和义务。个体的努力和积极参与，才能真正推动社会的进步和改善。

这种现象反映了从意识到实践存在着断裂。虽然大学生们在课堂上接受了大量的道德教育和社会责任感的宣传，但是缺乏实际的实践和经验，导致其社会责任感仅停留在口头上，缺少真正的行动支撑。同时，在日常生活中，这些大学生往往缺少基本的社会公德意识，如排队、让座等，甚至有的人会有随意扔垃圾、违章停车等不文明行为。

因此，我们需要引导大学生正确对待个人理想和社会责任。将个人理想与社会责任紧密结合起来，成为具有社会责任感和主人翁精神的有价值、有意义的人。同时，高校教育和社会各界也应当共同努力，为大学生提供更好的思想教育和实践平台，引导他们成为具有高度社会责任感和主人翁精神的新时代青年。

大学生是未来社会的中坚力量，需要树立正确的价值观和社会责任感。只有在实践中不断完善自我，才能真正将社会责任感内化为自己的行为准则。大学生需要认识到自己作为国家和社会的一分子，有义务为国家和社会的发展做出自己的贡献。这并不仅体现在对社会问题的关注和批评上，更要表现在日常生活中的行为和言论当中，树立起正确的价值观和责任感，从自身做起。

第五节　新时代大学生使命教育现状

在新时代，大学需要积极响应国家发展战略，将立德树人作为根本任务，坚持贯彻创新驱动发展战略，加快推进高水平大学建设。同时，大学还需深入推进科技创新和文化传承，不断提升自身的综合实力和国际影响力，在推动国家现代化建设中发挥更加积极的作用。此外，大学还需注重服务地方经济社会发展，促进区域协调发展，为打造全球科技创新中心、实现中华民族伟大复兴做出更多的贡献。大学在新时代的使命是紧密围绕国家发展战略，为实现中华民族伟大复兴提供坚实的人才和智力基础。

大学和使命教育有着密不可分的关系。作为高等教育的最高层次，大学不仅是为国家培养高素质人才的重要阵地，也是传承和发展文明的重要场所。而使命教育，则是大学教育的核心价值之一，它强调个体应该具有对社会、对民族、对人类的责任感和担当精神，将自我价值与社会价值相结合。

在大学中推行使命教育，可以帮助学生树立积极向上的人生观、价值观和世界观，激发学生学习和实践的热情，提高他们的社会责任感和创新能力，促进个人全面发展。同时，这也符合新时代中国大学的使命。

在推行使命教育时，大学通过完善课程设置，加强思想政治教育和社会实践活动等方式，引导学生树立正确的人生观、价值观和世界观，培养学生的爱国精神和社会责任感，提高学生的综合素质和创新能力。同时，注重建设良好的教育环境和文化氛围，促进师生之间的交流和互动，为学生提供更加开放、自由、多元的学习和成长环境。

由此可见，在中国，高校中的使命教育一直是国家和学校重点关注的对象。如今，我国新时代大学生使命教育有了更多的发展空间。

（一）教育内容多元化

随着社会的发展，大学使命教育的内涵和目标也得到了更新和升级。除了传统的爱国主义、民族精神等方面，现在的大学使命教育更注重培养学生的创新精神、实践能力、社会责任感和人文素养等方面的能力，以适应当今时代的需求。

推进大学使命教育时，构建多元化的课程体系，加强实践教育和社会服务，提高师资队伍的素质，对于注重培养学生的综合素质和社会责任感都起着巨大作用。只有通过全方位的措施来促进大学使命教育的深入开展，才能更好地为国家和社会培养有用之才。

（二）教育成效需要进一步提高

尽管大学使命教育在中国的发展已经取得了一定的成效，但是与国际先进水平相比还存在差距，需要进一步提高。个别高校在大学使命教育方面过于强调爱国主义、民族精神等传统价值观念，教育内容缺乏多元化和实用性，难以满足学生全面发展和成长的需求；在大学使命教育方面仍然采用老师讲授、学生听讲的传统教育方式，缺乏互动性和创新性，难以激发学生的兴趣和积极性。对大学使命教育的成效评估机制不够完善，很难对学生的能力和素质进行全面客观的评估，同时也缺乏对教育质量和效果的有效监督和评估。还有的高校在大学使命教育方面只是口号喊得响，实际操作却缺乏切实有效的措施和成效评估机制，核心理念不够明确，难以真正达到教育目标和使命。

为了推进大学使命教育的发展，还需加强对大学使命教育的理论研究和实践探索。通过深入理解大学使命教育的内涵和目标，明确培养目标和方法，制定科学合理的教育计划和课程体系，以及建立有效的评估机制，提高大学使命教育的质量和效果。注重多元化的教育方式和手段。大学使命教育应该注重学生的个性化培养，通过开展社会实践、志愿服务、科技创新等多种形式的活动，让学生更好地理解社会、认识自我、增强社会责任感和适应能力。大学使命教育的推进离不开高素质的师资队伍，教师们需要具备专业知识和教育理论的基本素养，同时也需要拥有丰富的实践经验和创新意识，才能更好地引导学生走向成功。加强对大学使命教育的管理和评估。要形成规范的管理机制和科学合理的评估体系，对大学使命教育的效果进行监测和评估，及时发现问题并采取有效措施，推动大学使命教育的不断提升。

总之，在当前形势下，中国大学使命教育面临着机遇和挑战。政府还应加大促进大学生使命教育的相关政策力度，高校则应当进一步加强大学使命教育的理论研究和实践探索，为培养具有社会责任感、创新精神和人文素养的优秀人才做出更加积极的贡献。

在推进大学使命教育的过程中，注重多方面的努力，积极探索符合当代大学生特点和需求的培养模式，为国家和社会培养更多有用之才。

第三章

新时代大学生使命教育存在的问题

第一节　新时代大学生使命教育的评价标准

（一）实践能力表现

实践能力表现是考查学生在实际工作中运用所学知识解决问题的能力和创新精神的指标之一。评价标准可以包括创新能力、团队合作能力、实践经验、专业技能等相关方面。

1. 创新能力

创新能力是指学生在实践中运用所学知识解决问题的能力和创新精神。学生是否具有独立思考的能力，是否能够自主分析问题，并提出切实可行的解决方案。学生是否能够将所学的理论知识应用到实践中，学生在实践中所取得的成果，如发表论文、获得专利、参加国际比赛等方面的成就，是否具有一定的影响力和贡献度。

创新能力是培养新时代大学生的必要条件之一，具有非常重要的意义。学生的创新能力不仅关系他们自身的发展，也关系中国未来的发展。

2. 团队合作能力

团队合作能力是指个人在团队中的表现和能力，包括与他人协调配合、有效地分工合作、达成共同目标等多个方面。这种能力考查学生是否具备团队合作精神，是否愿意与他人合作、分享知识和经验，以及是否能够有效地与他人沟通和协调。

在现实生活中，团队合作已经成为一种常见的工作方式。要想在现代社会中取得成功，不仅需要个人的才智和能力，还需要具备良好的团队合作能力。在职业生涯中，团队合作能力被认为是一个重要的胜任力素质，因为它涉及工作效率、创新能力和企业文化的形成等方面。

团队合作能力的重要性还体现在学术研究和项目开发等领域。在学术研究中，研究团队由多名专家、研究人员组成，每个人都有自己的专业领域和研究方向。只有通过团队合作，才能够将各方面的知识和经验整合起来，实现更高层次的研究成果。在项目开发中，团队合作也是至关重要的，因为需要各个领域的专业人士共同协作，才能够完成一个复杂的项目。

团队合作能力是现代社会中非常重要的一种能力。学生通过多种途径学习和实践团队合作，不仅可以提高个人的职业素养和工作效率，还可以促进学术研究和项目开发等领域的创新和进步。

3. 实践经验

实践经验是指学生在实际工作中所积累的各种经验和技能。例如，考查学生是否参与过各种实践活动，如社会实践、志愿服务、创业实践、科技竞赛等；考查学生是否有自己的实践项目和实践经历，是否能够独立完成实践任务，并取得实践成果；考查学生在实践中所表现出来的各项能力；考查学生在实践中所做出的贡献，例如，是否为社会做出了积极贡献，是否为团队带来了正面影响等方面。

通过对学生实践经验的评价，可以发现学生的优势和不足，提出针对性的建议，提升学生的实践能力和实践水平。同时，也可以为学校制订更加适合学生的教育方案和培养计划提供参考。

4. 专业技能

专业技能是指学生在所学专业领域内掌握的相关知识和技能。考查学生是否掌握了自己所学专业的基本理论和实际应用知识；实验技能：考查学生是否具备一定的实验技能，如操作实验设备、制作样品等方面的能力；考查学生在实践中所表现出来的各项能力，包括动手能力、创新能力、实践经验和实践成果等方面；考查学生是否具备一定的专业素养，如职业道德、责任意识、团队合作精神等方面的素质；考查学生是否具备一定的实际操作能力，如独立完成实际项目、解决实际问题等方面的能力。

5. 实践成果

考查学生在实践中所取得的成果，如发表论文、获得专利、参加国际比赛等方面的成就，不仅是对个人能力的一种肯定和认可，还可以反映出其在所在领域的影响力和贡献度。这种能力和成就不仅可以提高个人的职业素养和竞争力，还可以促进学术、科技和文化等领域的进步。

发表论文是衡量学术水平和成就的重要指标之一，尤其是对于科研人员和学者来说更为重要。发表的论文数量和质量可以反映出一个人在某个学科领域内的地位和贡献度，也是评价学术能力和研究水平的重要标准之一。

获得专利则是对个人创新能力和技术应用能力的一种证明。专利不仅是知识产权的保护，也是企业实现商业价值的重要手段。

参加国际比赛则是对个人综合实力和团队协作能力的一种考验。国际比赛的参赛门槛较高，既需要个人在专业技能方面有一定的水平，也需要团队在协作、沟通和创新方面具备一定的能力。

新时代大学生是社会主义事业的建设者和接班人，他们必须具备扎实的理论基础和丰富的实践经验，具备解决实际问题的能力和创新精神。

在实践能力表现方面的评价标准可以包括创新能力、团队合作能力、实践经验、专业技能等相关方面。通过对这些方面的评价，可以全面了解学生在实践中的表现和优劣势，及时发现问题并加以改进。同时，实践能力表现也是衡量学生是否适应社会发展需求，是否具备为国家和社会做出贡献的能力和素质的一个重要指标。

实践能力表现对于培养全面发展的社会主义建设者和接班人具有至关重要的作用。通过对学生实践能力表现的评价，可以更好地促进其全面发展和成长。

（二）道德品质表现

这是考查学生是否具备良好的道德品质和行为规范的指标。评价标准可以包括自律自强、公正廉洁、关爱他人、尊重法律等相关方面。

1. 自律自强

自律自强是新时代大学生应该具备的基本素质之一，也是衡量学生综合素质的重要指标之一。自律自强是指学生具备自我管理和自我约束的能力，追求自我完善和进步，努力发挥自己的潜力和能力。学生是否认真对待学习，是否有良好的学习态度，如积极主动、刻苦钻研、勤奋学习等；学生是否合理安排时间，有效地利用时间，如避免拖延、提高效率等；学生是否遵守学校和社会的行为规范，如着装得当、文明礼貌、不抄袭、不作弊等；学生是否注重自我完善和进步，如参加各种培训、读书、锻炼身体等。

2. 公正廉洁

公正廉洁是一种重要的社会价值观念和行为准则，也是评价学生综合素质的重要标准之一。

（1）具备公正、诚信的行为准则：学生应该具备公正、诚信、客观、中立的行为准则，不偏袒不公，不为个人利益或家族利益谋取权益。

（2）具备廉洁的行为准则：学生应该具备廉洁、清正的行为准则，不接受他人的贿赂、礼品等物质利益，不利用职务或权力谋取私利。

（3）不违反法律法规：学生应该遵守国家法律法规，不从事违法犯罪活动，不侵犯他人的合法权益。

（4）保持良好形象：学生应该保持良好的形象和声誉，不参与非法、不道德或有悖于公序良俗的活动，以树立自己的正面形象和作用。

公正是指学生在处理各种事务时不偏袒任何一方，以公正客观的态度去看待和处理问题；诚信是指学生在交往中保持真实、守信、讲信用的态度，做到言行一致；廉洁是指学生在工作和生活中坚持廉洁自律，不接受贿赂、不利用职权谋取私利。

学生具备公正、诚信、廉洁的行为准则和价值观念，能够诚实守信、遵纪守法、廉洁自律。通过具备这些基本素质，学生可以培养出高尚的品德和道德素质，树立起自己的良好形象和声誉。同时，学生也可以通过行动和实践，对社会产生积极的影响和推动作用。

3. 关爱他人

关爱他人是指学生具备同情心、互助精神和社会责任感，尊重他人的权利和尊严，关心和帮助需要帮助的人群。

（1）社会责任感：考查学生是否有一定程度的社会责任感，是否愿意为社会做出贡献，如参与志愿服务、慈善活动等。

（2）同情心：考查学生是否具备同情心，是否能够理解和关心他人的遭遇和困境，如关注弱势群体、热心帮助同学等。

（3）互助精神：考查学生是否具备互助精神，是否愿意主动帮助别人，如参与校内外各种互助活动、热心帮助同学解决实际问题等。

（4）尊重他人的权利和尊严：学生应该尊重他人的权利和尊严，不歧视、不侮辱、不欺压他人，保护弱势群体的权益。

在现代社会中，关爱他人是一种重要的价值观念和行为准则，不仅可以提高个人的社会地位和声誉，还可以推动社会的和谐与进步。只有具备关爱他人的素质和能力，才能够成为一个优秀的公民，为构建和谐社会做出应有的贡献。学生应该具备同情心和互助精神、社会责任感、尊重他人的权利和尊严、团队协作能力等方面的素质和能力，向着更高层次的道德品质和行为规范目标不断迈进。

4. 遵守法律

遵守法律是指学生应该知晓和遵守法律法规，对于个人行为和社会行为有明确的认识和判断，不违反法律法规，不从事违法犯罪活动。具体来说，可以从以下几个方面考查学生的遵守法律能力：学生是否了解基本的法律知识，以及与自己专业相关的法律法规；学生是否具备正确的法律意识，如尊重法律、维护法律权威、遵纪守法等；学生是否严格遵守法律法规，不参与任何违法犯罪活动，不侵犯他人的合法权益。

遵守法律是维护社会稳定的基础，只有每个人都遵守法律，社会才能有序、和谐、稳定。法律是保障人民权益的重要手段，只有遵守法律，才能保护人民的合法权益，防止侵权事件发生。只有全体公民都尊重法律，才能推动法制的进步，从而增强国家的实力。遵守法律是一种文明的表现，反之，则会引起不良社会行为和舆论。通过遵守法律，可以体现出我们的文明素质和道德水平。只有学生具备正确的法律意识和法律知识，才能形成积极向上的人生观、世界观、价值观。

这些标准不仅是学生在校园内培养优秀品质和行为规范的基础，也是他们成长为社会主义现代化建设者所必须具备的素质和能力。在当今时代中，一个人的道德品质和行为规范已经成为评判其综合素质和价值的重要标准。

在实践中，学生应该通过学习、交流和实践，不断提升自身道德品质和行为规范，发挥自己的正面价值和作用。学生应该加强自我管理和自我约束，规范自己的行为举止，不做违背社会公序良俗的事；多关注他人的需求和困境，积极提供帮助和支持，关心他人的疾苦和困难；弘扬社会责任感，将自身的利益与社会公益事业紧密结合起来，为社会进步和发展做出积极的贡献；培养团队协作精神，与他人合作、共同进步，通过协作实现更好的成就和贡献；积极学习国家法律法规知识，增强对法律法规的认知和理解，遵守法律法规，不从事违法犯罪活动。

通过学习、交流和实践，不断提升自身道德品质和行为规范，发挥自己的正面价值和作用。只有这样，才能够成为一个具有高尚品德和优秀品质的社会主义现代化建设者。

第二节　新时代大学生使命教育存在的问题

（一）使命认知存在偏差

新时代大学生使命教育存在的问题之一是使命认知存在偏差。

1. 对“使命”认识不足

有些学生缺乏对“使命”的概念和内涵的深入理解，只是听说过或者表面认识，而没有形成系统的、科学的认知。只是模糊地觉得自己作为大学生应该有所作为。对“使命”的认知缺乏科学的、系统的认知体系，难以准确把握“使命”的含义和内涵，一些学生忽视自身价值和社会责任，没有认真思考自己的使命和责任，从而导致对“使命”的认识不足。

针对新时代大学生使命教育中存在的这个问题，高校可以从以下五方面着手改进。

（1）加强对“使命”概念的阐释：高校应该为学生提供更加深入和全面

的“使命”概念阐释，让学生能够真正理解“使命”的内涵和价值，并将其融入学生日常生活和学习中。

（2）帮助学生找到自己的使命定位：高校应该引导学生积极探索自我，明确自己的兴趣爱好、人生目标等，帮助学生找到自己的使命定位，形成正确的使命意识。

（3）加强对社会使命的宣传和教育：高校应该通过各种途径，如组织社会实践、开展志愿服务等，让学生深刻认识到自己作为社会一分子的责任和使命，鼓励学生为社会发展做出积极贡献。

（4）创新教育模式，加强实践环节：高校应该采用多样化的教学方式和手段，如案例分析、团队合作等，加强实践性的教学环节，让学生能够通过实践更深入地理解和体验使命教育的内涵。

（5）建立完善的评价体系：高校应该建立科学、客观的评价体系，对学生的使命教育成果进行全面、准确的评估，为学生提供相应的反馈和指导。

高校应该注重培养学生正确的使命意识，帮助学生找到自己的使命定位，这些措施有助于构建更加完整和有效的使命教育体系，培养出更多具备社会责任感和使命感的优秀人才，为我国现代化建设做出更大的贡献。

2. 对个人的使命定位模糊

对个人的使命定位模糊，是指一些学生在自我认知方面存在问题，从而无法确定自己的使命定位。一些学生缺乏对自己的认知，不知道自己的优势和劣势，无法根据自身情况确定自己的使命定位。在大学阶段缺乏职业规划意识，没有考虑自己未来的发展方向，从而难以确定自己的使命定位。

高校应积极采取措施应对这些问题。

（1）加强个人素质培养：通过加强学生的综合素质培养，提高学生的自我认知和自我管理能力，从而更好地帮助学生确定自己的使命定位。

（2）引导学生制订职业规划：高校应该引导学生制订职业规划，让学生在大学阶段就能够明确自己的发展方向和目标。

（3）提供实践机会：高校可以通过提供更多的实践机会，让学生了解不同领域工作的差异，从而帮助学生确定自己的使命定位。

（4）加强教育引导：高校应该加强对学生的教育引导，为学生提供正确的指导和建议，让学生更好地理解自己的使命定位。

总之，要帮助学生确定自己的使命定位，需要高校在教育方式、方法方面进行创新，采取多种措施进行改进，提供更优质的教育资源和实践机会，帮助学生形成正确的使命意识和行为准则。

3. 对社会使命的认识不足

对于新时代大学生来说，除了个人使命定位外，认识社会使命同样重要。有些学生虽然对自己的个人使命有一定认识，但对于社会使命的认识不足，缺乏对社会发展需要的理解和认知。不知道自己应该做什么、能做什么，导致缺乏目标和动力。学生缺乏对自己所学专业的深入了解和认识，无法将专业与社会实践相结合，从而难以确定自己的使命定位。

学生只注重学术成绩，忽视其他综合素质的培养，如人际交往、实践能力等，使他们在面对具体问题时缺乏足够的应变能力。同时，学生获取社会信息的渠道较少，缺乏对社会现实和行业发展趋势的了解，无法在自己的领域内做出正确的选择。

高校应该将社会责任和公民意识教育纳入核心课程中，引导学生深入了解社会发展的现状和需要，提高其对社会使命的认知和理解；高校应该为学生提供多种社会实践机会，让学生亲身体验社会发展的历程，增强其社会责任感和公民意识；学校可以通过开设相关课程，让学生更加深入地了解本专业的前沿技术和发展方向，从而帮助学生明确自己的使命定位。引导学生在专业学习的同时，注重其他综合素质的培养，提高学生的实践能力和创新能力。同时，高校还可以通过开设相关课程、组织论坛、创办学术期刊等方式，拓宽学生的信息获取渠道，让学生及时掌握社会发展的新动态和重要议题，更好地了解社会现实和行业发展趋势，从而做出正确的选择。

注重培养学生正确的社会使命意识，才能让学生能够真正理解社会发展的内涵和需求，成为有责任、有担当的优秀人才。

4. 学校培养模式存在问题

某些高校过分强调表面的宣传和口号化，使学生对使命教育的认识停留在表面，无法真正领悟其深层次的内涵和意义。在使命教育方面缺乏具体引导和实践机会，学生只是听了一些理论知识，但缺乏实践经验，难以将理论与实践相结合。

还有的学校在使命教育方面缺乏专业的、高水平的教师队伍，无法为学生提供优质的教育资源和指导。

针对这些问题，高校可以采取以下措施。

（1）强化实践教育：通过提供更多的实践机会和项目，让学生更好地理解和体验使命教育的内涵和意义。

（2）加强师资队伍建设：通过提高教师的专业水平和素质，为学生提供更优质的教育资源和指导。

（3）建立完善的评价体系：建立完善的评价体系，对学生的实践成果进行评估和认可，鼓励学生积极参与到社会实践中去。

（4）引导学生自主学习：通过引导学生自主学习，在学习过程中更好地掌握使命教育的核心内容和理念。

要让学生真正领悟到使命教育的内涵和意义，需要高校在教育方式、方法方面进行创新，采取多种措施进行改进，提供更优质的教育资源和实践机会，帮助学生形成正确的使命意识和行为准则。

加强对"使命"概念的阐释，引导学生形成正确的使命意识；帮助学生找到自己的使命定位，引导学生明确个人发展方向和目标；加强对社会使命的宣传和教育，让学生认识到自己作为社会一分子的责任和使命；创新教育模式，加强实践环节，让学生能够通过实践更深入地理解和体验使命教育的内涵对于当前的使命教育意义重大。

（二）使命教育接受度低

使命教育是新时代大学生教育的重要内容。然而，在实际教学过程中，许多学生对使命教育缺乏足够的认识和理解，对其产生了抵触和排斥的心理，导致使命教育的效果不如预期。

1. 传统文化和家庭教育的影响

受传统文化和家庭教育的影响，一些学生思想比较保守，不善于接受新事物和新观念，对传统观念存在坚持和保护的倾向，难以接受和理解新的思想观念，难以适应时代发展的需求。缺乏开放心态和创新意识，难以拥抱变革和创新。

针对这些问题，高校可以采取以下措施进行改进。

（1）弘扬新文化，传承优秀传统文化：高校应该弘扬新文化，传承优秀传统文化，并与现代社会现实相结合。

（2）加强思想教育：高校应该加强思想教育，培养学生开放的思维和创新意识，让学生能够接受新事物、新观念，并主动拥抱变革。

（3）家庭教育引导：高校可以通过家庭教育引导，鼓励家长关注时代发展的需求，引导家长正确地对待传统文化，让家庭教育成为学生走向社会的桥梁。

（4）优化教育环境：高校应该优化教育环境，提供多样化的教育资源，让学生在多方面的学习中获取新知识和新体验，促进学生全面发展。

要帮助学生摆脱传统文化和家庭教育的影响，需要高校在教育方式、方法方面进行创新，采取多种措施进行改进，引导学生正确认识传统文化和新文化的关系，培养学生开放心态和创新精神，推动学生在全面发展的基础上，成为有用之才，为国家经济社会发展做出贡献。

2. 教育方式和手段的单一性

在新时代大学生的使命教育中，教育方式和手段的单一性也是一个普遍存在的问题。部分高校的使命教育采用传统的教育方式和手段，如讲座、演讲等，缺乏互动性和趣味性，难以吸引学生的兴趣。部分高校缺乏具备先进教育理念和现代教育技术的教育人才，无法提供多样化的教育方式和手段。一些高校的经费和设施条件有限，无法提供更多的教育资源和创新教学设备，给使命教育带来一定的限制。部分高校过于注重知识的传授，而忽略了学生自我发展和创新能力的培养，导致教育方式和手段比较单一。

高校应该培养具有先进教育理念和现代教育技术的教育人才。积极争取经费和设施支持，提供更多的教育资源和创新教学设备，为使命教育提供多样化的教育方式和手段；鼓励学生进行自主学习，开展自主研究和创新实践活动，提高学生的自我发展能力和创新能力，同时也能够丰富使命教育的内容和形式；高校应该通过探索新的教育模式，如项目制教学、在线课程等，增强教育的趣味性和互动性，提高学生对使命教育的参与和认同度。

高校应该注重多样化的教育方式和手段，尊重学生的个性和特点，注重学生自主学习和创新实践能力的培养。这样才能够让新时代大学生在愉悦的学习氛围中更好地理解和体验使命教育的内涵，成为有责任、有担当的优秀人才。

3. 学科体系和教学安排的制约

在新时代大学生的使命教育中，某些高校的学科设置和教学安排缺乏灵活性和多样性，使使命教育的内容和形式难以与学科融合和协同。

一些高校的教学安排比较固定，无法适应不同学生的需求和兴趣，也难以为使命教育提供更多的发挥空间。部分高校的教师教学经验不足，缺乏创新意识和实践经验，难以将学科知识与使命教育相融合。

高校应该鼓励不同学科之间的交流和合作，开展跨学科教学，将不同学科的知识和理念融合到使命教育中。鼓励教师在教学中进行创新实践，为使命教育提供更多的发挥空间。尊重学生的个性和兴趣，加强学生自主选择权，提供多样化的选修课程，让学生能够自由地选择符合自己需求和兴趣的课程。建立健全的教学管理体制，提高教学安排的灵活性和多样性，以适应不同学生的需求和兴趣。

注重多学科的融合和协同，加强教学创新和实践，鼓励学生自主选择和创新实践。这样才能够让新时代大学生在各学科之间形成交叉互补、相得益彰的知识体系，更好地理解和体验使命教育的内涵，成为有责任、有担当的优秀人才。

4. 个人兴趣和爱好的差异

个人兴趣和爱好的差异，是指每个人的兴趣和爱好都不尽相同，有些学生可能对使命教育所涉及的主题和内容缺乏兴趣和热情，难以真正参与进来。这种情况主要存在以下三方面的问题。

（1）缺乏针对性：由于每个人的兴趣和爱好不同，使命教育中的某些主题和内容可能无法满足所有学生的需求，缺乏针对性。

（2）学生主观因素：有些学生可能基于自身的主观因素，对某些主题和内容缺乏兴趣和热情，难以真正参与到使命教育中。

（3）教师教育方式：在使命教育中，教师的教育方式可能会影响学生的参与度，如果教师的教育方式单一或者枯燥无味，会导致学生缺乏兴趣和热情。

针对这些问题，高校可以采取以下措施进行改进。

（1）优化课程设计：高校应该针对学生的兴趣和爱好，在课程设计上进行优化，让学生更容易接受和理解所学内容。

（2）鼓励多元化参与：高校可以鼓励学生通过多种方式参与使命教育，如开展竞赛、社会实践等活动，让学生能够从中找到自己的兴趣和热情。

（3）引导学生认识重要性：高校应该引导学生认识到使命教育的重要性和必要性，让学生意识到自身的责任和使命，从而提高他们的参与度。

帮助学生克服个人兴趣和爱好的差异，引导学生从多个角度认识到使命教育的重要性和必要性，形成对使命教育的积极态度和参与度。

各个高校应该加强宣传和普及工作，提高学生对使命教育的认识和理解；创新教育方式和手段，加强互动性和趣味性，符合学生的兴趣和需求；融合多学科资源，优化学科体系和教学安排，使使命教育的内容和形式更加具有实际意义和可操作性；引导学生主动参与，激发他们的兴趣和热情，增强其对使命教育的接受度和积极性。

高校应该重视新时代大学生使命教育的重要性，增强学生对使命教育的接受度和自我认知，创造更加有利于学生全面发展的教育环境。

（三）家庭教育对使命教育的忽视

在家庭教育中，父母作为孩子的第一任老师，传授孩子正确的价值观和道德观念，让孩子在家庭中形成良好的品德和行为习惯。这种家庭教育对于后期的使命教育起到了重要的基础作用，为孩子接受更高层次的社会责任感和使命感教育奠定了基础。

学校的使命教育可以弥补家庭教育的不足之处，拓宽孩子的视野，增加社会经验，帮助孩子形成全面的社会责任感和使命感。

家庭教育和使命教育的关系密不可分。家庭教育是孩子成长中最早接触到的教育形式，对孩子的成长和发展起到至关重要的作用；而学校的使命教育则是拓宽孩子视野、培养社会责任感和使命感的重要途径。两者相辅相成，共同为孩子的成长和发展提供全面、多方位的教育。

家庭教育对使命教育的忽视，是指在家庭教育中忽略了对学生的使命教育，没有引导和培养学生的社会责任感和使命感。

在培养孩子的过程中，父母应该让孩子明白，只有通过辛勤劳动和自我奋斗才能获得成功和幸福。在家庭教育中，父母应该既给予孩子必要的关爱，又给予他们必要的独立、自主和责任感。只有这样，孩子才能在健康的家庭环境中成长，发展积极向上的人生态度。

家庭教育对使命教育的忽视是一个比较普遍的问题。为了解决这个问题，需要高校、学生、家长等多方共同努力。

（1）引导家长正确教育：高校可以通过家长会、家访等方式，引导家长正确对待孩子的教育，让家长认识到社会责任感和使命感对孩子的成长和发展的重要性，帮助父母正确地认识到自己的作用和责任，以培养健康、自信、有使命感的大学生为目标。

（2）加强课程设计：学校可以加强对使命教育课程的设计，让学生在学校中获得更多的社会责任感和使命感培养。学校可以增加社会实践、志愿服务等活动，鼓励学生参与社会活动，增强社会责任感和使命感。

（3）鼓励家校合作：学校可以鼓励家校合作，让家长和学校密切协作，共同为孩子的成长和发展付出努力。学校可以举办家长会、亲子活动等，让家长了解学校的教育理念和课程设置，与学校共同关注孩子的成长和发展。

（4）建立相关制度：高校可以建立相应的制度，监督并推广社会责任感和使命感教育。例如，可以将社会责任感和使命感纳入学生考核体系，建立相应的奖惩机制等。

要解决家庭教育对使命教育的忽视问题，需要高校、学生、家长等多方共同努力，采取有效措施进行改进。通过家庭教育和学校教育的双重影响，让学生形成强烈的社会责任感和使命感，成为有用之才，为国家经济社会发展做出贡献。

（四）高校教育方法缺乏灵活性

高校教育方法缺乏灵活性是当前高等教育中的一个普遍存在问题。传统的教学模式、单一的考核评价体系以及过度注重知识的传授等，都使高校教育方法显得相对僵化，难以适应新时代大学生的全面发展需要。部分高校的教育者仍然沉浸在传统教育观念中，认为教育的目标就是传授知识，而忽视了学生素质全面发展的需求。一些高校的教师教育水平较低，缺乏先进教育理念和教育技术的支持，难以创造多样化的教育方式和手段。学科专业过于独立，缺少跨学科合作和交流，难以将各学科知识进行深入整合和融合。

针对这些问题，高校可以从以下方面着手改进。

（1）引入新的教育理念：对于现代教育理念的研究和推广，以及注重学生素质全面发展的需求，是当前高校教育中迫切需要解决的问题。高校应该将教育目标从传授知识转变为培养能力，更好地适应新时代大学生的全面发展需要。

（2）提升教师教育水平：高校应该加强教师教育培训，提升教师教育水平，引入先进教育技术和教育方法，创造多样化的教育方式和手段。这样可以为学生提供更好的教育环境，促进学生全面发展。

通过开设各种培训课程、举办教学比赛等方式，鼓励教师参与教育教学理念、教学方法等方面的交流，促进教师专业素养的提升，提高教师的教育教学能力。引入先进教育技术和教育方法，提高教学效果。例如，可以采用在线教育、远程教学等方式，为学生提供更加灵活、多样化的学习方式；引入互动式教学、项目制学习等教育方法，激发学生学习兴趣和主动性。创造多样化的教育方式和手段，为学生提供更广泛、更多样的学习机会。

（3）推行跨学科教学：高校应该推动各学科之间的交流和合作，建立跨学科教学体系，将不同学科的知识进行深入整合和融合。更好地促进学生综合素质的提升，培养具有创新思维和实践能力的人才。

通过开设跨学科课程、组织跨学科研究团队等方式，促进学科之间的交流和合作。例如，可以在计算机、数学、物理等学科之间建立联系；将电子工程、计算机科学、通信工程等多个学科的知识整合起来，建立跨学科教学体系，为学生提供更丰富、更全面的知识体系。鼓励学生跨学科交流和合作，让学生在跨学科合作中得到锻炼和提高。通过建立跨学科教学体系，为学生提供更好的教育环境和更丰富的知识体系，培养具有创新思维和实践能力的人才。

（4）建立多元化考核评价体系：高校应该建立多元化的考核评价体系，注重学生综合素质以及创新能力的培养，鼓励学生自主学习和实践。高校应该建立包括学术成绩、课外活动、社会服务、实践经历等多方面的考核评价体系。注重学生综合素质的培养，鼓励学生参加各类文体比赛、科技竞赛、志愿服务等活动，提高学生的综合素质。例如，可以设置专门的学生综合素质考核，让学生了解所需素质并着手培养；鼓励学生独立思考、勇于创新。为学生提供项目制学习、科研实践等机会，让学生在实践中锻炼创新能力。

建立多元化的考核评价体系，注重学生综合素质以及创新能力的培养，鼓励学生自主学习和实践。

高校应该注重教育方式的多样化和灵活性，提高教师教育水平和教学品质，加强跨学科合作和交流，建立多元化的考核评价体系。这样才能够更好地适应新时代大学生的培养需求，培养有责任、有担当的优秀人才。

第三节　新时代大学生使命教育问题的原因分析

（一）教育理念和教育体系问题

新时代大学生使命教育问题的原因是多方面的，其中一个重要原因是教育理念和教育体系问题。当前，高校在教育过程中存在功利化、应试化、知识化、形式化等问题，缺乏对大学生思想政治教育的重视和培养。

在传统的教育体系中，注重知识点和考试成绩，而忽视了学生的思想启蒙、社会责任和价值观培养。这种教育体系不仅影响了学生的全面发展，对于社会的长远发展也产生了负面影响。

（1）重视应试教育：当前的高等教育仍然存在过度依赖应试教育的问题，有的学校只关注学生的考试成绩，而忽视了学生的实际能力和创新精神的培养。

教育体制和评价机制是造成这种现象的主要原因之一。目前高等教育以应试为导向，大学排名、论文发表等指标成为衡量学校和学生水平的重要参考因素，考试成绩被视为学生能力的重要标准，这使许多学校和学生都沉于应试教育中。

师资队伍建设不足也是这种现象的一个原因。一些高等院校缺乏具有实践经验和创新意识的优秀教师，无法引导学生挖掘自身潜力和素质，从而影响到学生的综合能力提升。

部分学生缺乏对自身职业发展和社会责任的认知，只注重在短期内取得好成绩，忽略了长久的个人发展规划。

（2）教育内容单一化：教育内容单一化是当前高等教育面临的一个普遍问题。这种现象主要表现在教育内容相对单一，缺乏与时俱进的教育内容和教育方式，导致学生的能力培养相对滞后。造成这种现象的原因比较复杂。

传统的教育体系和课程设置已经无法适应当今快速发展的社会需求和技术变革。一些学校的教育内容相对单一、过于理论化，缺乏前沿性和实践性的课程。部分学生缺乏主动学习和自我拓展的意愿和能力，仅关注课堂知识的获取，缺乏对未来职业市场的认知和规划。

（3）学科分割过于严重：当前的高等教育学科分割过于严重，这是导致新时代大学生使命教育问题的一个重要原因。传统的学科分类方式往往局限了学生的思维和知识的应用，难以切实满足现代社会多元化、复杂化的需求。

传统的学科分类方式导致不同学科之间相对独立，缺乏交叉融合，无法将各学科知识进行深入整合。由于学科门槛较高，学生很难在跨学科领域进行学习和探究，这也影响了他们的全面发展和创新能力的培养。传统的学科分类方式往往局限了学生的思维和知识的应用，难以满足现代社会多元化、复杂化的需求。

（二）社会环境和价值观念问题

当前社会文化的多元化、传统道德观念的衰落、物质文明的冲击等因素，都对大学生的思想和行为产生了深远影响，导致一些大学生的价值取向出现偏差，对国家和民族的责任感不够强烈，缺乏奉献精神和社会责任感。

（1）社会环境影响：社会对教育的投入不足，社会公共资源分配不均是当前高等教育面临的一个重要问题。一些地区政府对于高等教育的支持力度不足，导致大部分高校教育经费都依赖于学生的学费和其他收费，难以为学生提供充足的学习资源和良好的学习环境。一些高等院校设施陈旧、师资力量薄弱、学术氛围不浓厚等问题，这与不同地区之间的资源配置不平衡和政策扶持的差异有关。传统的教育管理模式过于繁琐，难以及时更新教育内容和教育方式，影响高等教育整体水平的提升。

（2）价值观念问题：在当前社会背景下，很多大学生的价值观存在着偏差和不健康的倾向，学生只注重课程成绩，缺乏对自身发展和职业规划的认知，需要高校从教育和引导方面加以纠正。

某些大学生缺乏对未来、对社会发展的深刻认识和理解，缺乏长远的规划和目标，容易陷入短视的思维和行为模式。由于过度追求功利和实用价值，某些大学生在处理人际关系时缺乏真诚、包容和尊重，容易出现冷漠和孤立的情况。某些大学生的价值观偏离了传统文化和社会主流价值观，出现了歪曲、极端等情况。

（3）就业压力大：由于就业市场竞争激烈，某些学生只关注学历证书和职业前景，忽略了实际能力和综合素质的提升，这是当前高等教育面临的一个重要问题。某些学生只看重就业机会和薪资待遇，缺乏对自身兴趣和发展方向的认知，导致专业选择不当和职业规划缺失。某些学生只注重课程成绩，缺乏对知识的深入理解和掌握，难以为将来的职业发展提供有力支持。某些学生缺乏综合素质的提升，如语言表达能力、团队合作能力、创新精神等，无法适应复杂多变的社会环境和工作需求。

（三）个人认知和意识不足问题

由于个人认知和意识水平不同，有些大学生对于自身的角色和社会责任意识不足，缺乏对现实社会的深刻认识和理解，缺乏对未来发展的规划和目标。同时，一些大学生对待学习和生活态度不端正，缺乏自我约束和自律精神。

具体表现在以下三方面。

（1）自我认知不足：部分大学生对自己的能力、特长和定位了解不够，缺乏对自我的认知和理解是当前高等教育面临的一个重要问题。许多大学生对自己的兴趣、特长和优势不够清晰，无法明确自己的发展方向和职业目标；只注重课程成绩，缺乏对知识深入理解和掌握，难以为将来的职业发展提供有力支持；缺乏综合素质的提升，如语言表达能力、团队合作能力、创新精神等，难以满足复杂多变的社会环境和工作需求；某些大学生只看重就业机会和薪资待遇，缺乏对自身兴趣和发展方向的认知，导致专业选择不当和职业规划缺失。

高校应该引导大学生加强自我认知，了解自己的优势和劣势，发挥自己的潜力，实现自我价值的最大化；注重培养大学生的社会责任感和家国情怀，强调个人与社会、个人与国家的紧密联系，让大学生更加积极向上；强调大学生的个人意识，引导他们对自己的言行进行自我监管和反思，提高自我管理能力。

（2）责任感缺失：当前，部分大学生的责任感缺失，缺乏积极向上的情感和精神动力问题已经引起了广泛关注。一些大学生并不十分重视家庭责任，可能会对家庭的生活、经济等方面造成影响；有些大学生仅关注自己的利益，缺少对社会的责任感，甚至会出现违法犯罪等行为；部分大学生对国家的责任感缺失，缺乏民族自豪感和爱国情怀。

针对这些问题，高校应该从家庭教育、社会责任教育和爱国主义教育等方面着手改进，帮助大学生树立正确的价值观念，促进其全面发展和成长。

（3）个人意识淡薄：当前，部分大学生个人意识淡薄，对自己的言行缺乏自我反思和自我监管问题已经引起了广泛关注。一些大学生存在违纪违法、消极怠工等行为，严重影响到自身和他人的利益。有些大学生言语上不够礼貌，或者出现侮辱、攻击、歧视等不当言论，损害了社会风气和人际关系，部分大学生对自己的言行缺乏自我反思和自我监管，容易犯错而不自知，难以及时纠正错误。

以上问题的存在，不仅直接影响到大学生的成长与发展，还对整个社会的健康稳定产生负面影响。高校可以通过强化德育教育，加强道德规范和行为准则的宣传，引导大学生自觉遵守，并将之内化为自己的行为准则；引导大学生增强自我监管意识，加强对自己言行的反思和检讨，及时发现问题并进行改正；开展志愿服务，强调培养社会责任感。

部分大学生个人意识淡薄，对自己的行为和言语缺乏自我反思和自我监管已经成为新时代大学生使命教育的一个重要问题。高校应该从德育教育、自我监管意识和社会责任感等方面着手改进，帮助大学生树立正确的价值观念，促进其全面发展和成长。

（四）教育资源分配不均衡问题

教育资源的不平衡分配也是导致大学生使命教育培育问题的原因之一。在当前社会背景下，由于历史和地理等因素的影响，不同地区、不同高校之间的教育资源分配存在着很大的差异，这不仅直接影响到大学生的成长与发展，还对整个社会的公平性和稳定性产生负面影响。在一些欠发达地区和贫困家庭，大学生面临的经济、社会和文化压力更大，受到思想和行为的影响也更加复杂和严峻。

具体表现在以下三方面。

（1）师资力量：一些地区和高校的师资力量相对薄弱，缺乏高水平的教师队伍，影响到大学生的教育成果和人才培养效果。由于师资力量不足，一些高校只能开设少量的课程，无法提供多样化和前沿性的课程资源，影响到大学生的综合素质和实践能力的培养。由于缺乏高水平的教师队伍，学术研究和科学创新的氛围往往比较淡薄，影响到大学生的创新精神和科研能力的发展。

（2）教学设施：设施陈旧、落后会直接影响教学质量，无法提供良好的教学环境和条件，则会影响大学生的学习效果和综合素质的培养；一些实验室、实践场所等设施落后，无法满足学生实际需求，影响大学生的实践能力和创新能力的发展；设施陈旧、落后会让学生感到学习环境不舒适，学习积极性下降，甚至会对大学生的身心健康造成影响。

（3）学科设置：学科设置不够多元化，一些高校的学科设置过于单一，只涉及某一领域或专业，无法为学生提供多元化的学科选择；部分高校在教育教学中缺少与社会接轨的实践机会，使学生在实际操作能力上受到限制；有些学校的课程设置不能很好地贴近时代需求，缺乏前沿性和实用性，影响学生知识的应用。

通过建立健全的思想政治教育体系，加强与时俱进的理论武装，提高大学生的思想觉悟和政治素质；推动课程改革，增加专业课程实践性和创新性的内容，提高学生综合素质和实际能力；加强师资队伍建设，提高教师的思想政治素质和教学水平，为学生提供更好的教育服务；开展丰富多彩的校园文化和活动，引导学生积极参与各种社团、实践、志愿服务等，拓宽视野和交际圈子，提高综合素质和领导力；引导学生加强社会实践活动，提高其社会认知和参与度，培养其社会责任感和奉献精神；增强家庭教育的重要性，引导家长正确教育孩子，提高大学生的道德修养和价值观；加强社会支持和政策保障，为欠发达地区和贫困家庭提供更多的教育资源和帮助，确保大学生接受到良好的教育培养。

综上所述，新时代大学生使命教育问题的根本原因是多方面的，涉及社会、教育、个人等多个层面的因素。要解决这些问题，需要全社会共同努力，进行系统性、长期性的改革和建设，提高大学生思想政治教育的质量和效益，培养有奉献精神和社会责任感的高素质人才。

第四章

新时代大学生使命教育的基础

第一节　加强大学生使命教育的理论依据

（一）习近平新时代中国特色社会主义思想

习近平新时代中国特色社会主义思想为我们提供了认识世界和改造世界的思想武器。他强调要加强中国特色社会主义制度建设，建设现代化经济体系、推进文化建设、加强生态文明建设等，为解决当代中国面临的各种问题提供了有力支持。

在新时代的背景下的未来历史进程中，加强大学生使命教育必将继续坚持并不断发展这一思想，为实现中华民族伟大复兴而奋斗。

（二）教育学理论

教育学理论是指对于教育本质、目的、内容、方法和效果等方面问题的阐述和探讨，是教育研究和实践的理论基础。常见的教育学理论如下。

1. 行为主义理论

行为主义理论是一种心理学和教育学理论，其核心观点是人类的行为是对外部刺激的反应，即人类行为是基于环境刺激和反应机制形成的。行为主义理论认为，学习就是建立连接，学习的效果取决于强化或惩罚的使用。

在行为主义的观点中，教育被视为一个可以控制和管理学生行为的过程。

教师的任务是设计适当的刺激，以便引导学生产生特定的反应。这些刺激可以是奖励或惩罚，从而影响学生的行为，使他们能够获得正确的反应。因此，行为主义理论认为，教师应该提供清晰、明确的指令和反馈，以及奖励和惩罚，以激励学生学习新的知识和技能。

行为主义理论对于某些类型的学习非常有效，如语言和数学等基本技能的学习。然而，它也有一些批评者，他们认为这种理论忽略了个体的内部动机和情感因素，只关注行为的表面现象，没有考虑到学习的深层次过程。此外，行为主义理论在教育实践中容易导致学生的被动接受和机械应用，缺少主动探究和创造性思维。

行为主义理论认为人类的行为是基于外部刺激和反应机制形成的。它在某些类型的学习中具有重要作用，但也存在一些不足之处。

2. 认知发展理论

认知发展理论由瑞士心理学家皮亚杰所提出。皮亚杰的认知发展理论强调了心理发展中主体和客体相互作用的重要性，摆脱了遗传和环境的争论和纠葛。该理论认为，个体的心理发展是由主体和客体之间的相互作用结果所决定的。

他认为儿童的思维和行为会随着年龄的增长而逐渐发生变化。他将人类的认知发展划分为四个阶段：感知运动期、前操作期、具体操作期和形式操作期。

认知发展阶段的每个阶段都建立在前一阶段的基础上，并且在每个阶段内也存在着不同的子阶段。这种思维的演变是一个渐进的过程，需要经过大量的实践和经验积累，个体的学习和发展是由其自身的认知结构决定的。此外，认知发展理论注重培养学生的思维能力和认知水平，鼓励学生主动地参与学习和探究。同时也指出，教育者应该根据儿童的认知水平和特点来制定相应的教学方法和教学内容，帮助他们更好地掌握知识和技能。

3. 社会学习理论

社会学习理论强调了人类行为的社会化特征，认为个体的行为是受到社会文化背景和社会关系影响的。在社会学习理论中，人们通过观察他人的行为和结果来学习，从而不断发展自己的行为和认知能力。同时，社会学习理论也强调了情感因素在学习过程中的重要性，认为情感因素可以影响个体对学习内容的接受和记忆，并且可以促进学习的积极性和主动性。

在教育实践中，社会学习理论注重学生之间的互动和合作，教师被视为学习环境的组织者和促进者。教师可以通过建立多样化的合作活动，鼓励学生积极参与社会实践，培养学生的社会技能和情感素质，从而提高学生的学习效果和学习成就感。

社会学习理论是一种强调人类行为的社会化特征的理论，认为个体的行为受到社会文化背景和社会关系的影响。它注重学生之间的互动和合作，鼓励学生通过合作和交往获得新的知识和技能，并通过情感因素促进学生的积极性和主动性。社会学习理论认为，人类的学习和发展都是在社会互动中进行的，学习的过程是通过观察、模仿和交往等方式获得的。社会学习理论强调了人类行为的社会化特征，认为个体的行为受到社会文化背景和社会关系的影响。

与行为主义理论相比，社会学习理论更加注重个体内部心理过程的深入探究，关注学生自主性和个体差异性。它认为学习不仅是对外界刺激的反应，也涉及学生的内部认知过程和情感因素，因此需要教师提供具有启发性的教学策略，以帮助学生建立个人知识结构、解决问题和自主学习，同时，注重培养学生的社会技能和情感素质，鼓励学生通过合作和交往获得新的知识和技能。

4. 社会建构主义理论

社会建构主义理论起源于20世纪60年代的美国，代表人物包括彼得·伯格、艾瑞克·艾里森等。他们认为，人们的经验和认知不是凭空而来的，而是通过社会交往和语言交流等过程逐渐形成的。同时，他们也强调个体的主动性和创造性，认为人们可以通过反思和批判，创造出新的知识和现实。

学习在建构主义中被理解为一种通过情境、协作、对话和意义建构的过程，而不是简单地从教师那里获取知识。学习者需要在社会文化背景下，借助其他人的帮助，利用必要的学习资料，通过意义建构的方式获得知识。因此，情境、协作、对话和意义建构是建构主义学习环境中的四个重要属性。

情境是指学习发生的具体环境和背景。学习者与周围的环境相互作用，从中获取信息和经验。这个情境可以是现实生活中的真实场景，也可以是虚拟的网络空间。情境提供了学习的材料和资源，为学习者创造了学习的条件。

协作是指学习者与他人之间的互动和合作。学习者通过与他人共同探究问题、讨论和交流，共同构建知识。协作可以是小组合作、项目合作或远程协作等形式，通过协作，学习者可以从不同的观点和经验中获得丰富的学习内容。

对话是指学习者与他人之间的对话和互动。通过交流和讨论，学习者可以表达自己的想法、理解和疑问，同时也可以从他人的观点和解释中获得新的认识。对话不仅帮助学习者梳理自己的思维，还能够促进知识的共享和构建。

意义建构是指学习者通过主动参与和积极思考，将新的信息和经验与已有的知识结合起来，构建自己的理解和意义。学习者在交互和对话的过程中，逐渐建立起知识的框架和网络，不断深化和扩展自己的学习内容。

情境、协作、对话和意义建构是建构主义学习环境中的四个重要属性。通过在具体情境中与他人进行协作和对话，学习者能够通过意义建构的方式主动地构建和发展自己的知识。这种学习方式强调学习者的主动性和参与性，有助于培养学习者的批判性思维和问题解决能力，提高学习效果和质量。

社会建构主义学习理论强调以学习者为中心，在教师的指导下进行学习。学生需要使用探索法、发现法来建构知识的意义。通过主动参与探索和发现的过程，学生能够更深入地理解知识，并将其与已有的知识联系起来。学生需要主动搜集并分析相关信息和资料，并对所学的问题提出各种假设并加以验证。这样的探究过程可以帮助学生积极思考和独立思考，培养他们的批判性思维和问题解决能力。学生应该尽量将当前学习内容与已经知道的事物相联系，并对这种联系进行思考。通过将新知识与旧知识进行关联，学生可以更好地理解和记忆所学的内容，同时也能够加深对知识的理解和运用。

建构主义学习中，教师的角色是引导和支持学生的意义建构过程，激发学生的学习兴趣和动力。学生要成为意义的主动建构者，通过探索、分析和思考，将新知识与已有知识相联结，从而更深入地理解和应用所学的知识。这种学习方式能够培养学生的自主学习能力和批判性思维，提高学习的效果和质量。

在意义建构过程中，协商是非常重要的一环，可以分为自我协商和相互协商两种。自我协商能够帮助学生梳理思路，对不同的观点进行权衡和评估，从而形成自己的理解和意义。通过与自己进行对话和辩论，学生可以更加深入地思考问题，发现新的视角和解决方案。

相互协商则促进了学习小组成员之间的交流和合作。在小组内部，学生可以分享自己的想法和理解，并与他人进行讨论和辩论。这种相互协商的过程可以帮助学生领会不同的观点和思维方式，拓宽自己的视野，从而共同建构出更丰富和全面的意义。

将联系与思考的过程与协作学习中的协商过程结合起来，可以提高学生建构意义的效率和质量。通过协商，学生可以从不同的角度和经验中获得新的认识，发现问题的更多层面和解决方案。同时，协商也促进了学生之间的互动和合作，培养了他们的沟通能力和团队合作精神。

教师要引导学生在意义建构过程中发挥主体作用，创设符合教学内容要求的情境和线索。教师可以设计情境和提供线索，帮助学生将新旧知识联系起来，并引导他们思考当前所学知识的意义。这样的情境和线索可以激发学生的好奇心和求知欲，促使他们主动地去探索和建构知识。

组织协作学习并进行引导：教师可以安排学生进行小组讨论或合作项目，以促进学生之间的交流和合作。在协作学习过程中，教师可以提出适当的问题，引发学生的思考和讨论。同时，教师也可以启发学生自己去发现规律、纠正和补充错误的认识，从而培养学生的自主学习能力和批判性思维。

教师应该及时给予学生反馈和指导，帮助他们纠正错误和深化理解。通过与学生的互动和对话，教师可以了解学生的思考过程和困惑点，针对性地给予指导和建议，促进他们更好地建构意义。

目前较成熟的教学方法主要有以下三种。

（1）支架式教学，是一种由教师提供逐步指导和支持，帮助学生完成任务的教学方法。其本质是根据学生的能力和知识水平，在任务完成过程中提供相应的支架，使学生能够逐渐独立完成任务。

支架式教学可以分为外部支架和内部支架两种。外部支架是指教师在任务完成过程中提供的直接指导和支持，如提示、示范、引导等。内部支架则是指教师通过提供认知工具和策略，帮助学生自主学习和解决问题，如概念图、思维导图、问题解决策略等。

支架式教学的核心是“渐进式释放责任”，即在适当的时候减少外部支架，让学生逐步承担更多的责任，从而实现学生的自主学习。这种教学方法可以提高学生的学习兴趣和自信心，促进学生的知识和技能的全面发展。

支架式教学需要教师有较强的教学设计和指导能力，要能够根据学生不同的学习水平和能力，提供适当的支架和指导。同时，教师还需要在任务完成过程中及时给予学生反馈和评价，让学生知道自己的不足和进步的方向，以便更好地实现学习目标。

（2）抛锚式教学，即一种以情境为基础的教学方法，它通过真实或虚拟的情境来引起学生的兴趣和好奇心，激发学生探究问题的欲望，从而提高学生的学习效果。

抛锚式教学将学习内容与具体的情境相结合，通常情境都是由某个主题或事件触发的，这个主题或事件被称为“抛锚点”。在教学过程中，教师会向学生提供一个或多个抛锚点，并将学习内容与抛锚点相关联。学生需要通过观察、分析、推理等方式，逐步掌握所学知识和技能，最终达到对整个情境的理解和应用。

抛锚式教学的优势在于可以激发学生的积极性和主动性，让学生更容易地将所学知识和技能应用到实际情境中，从而提高学习的效果。此外，抛锚式教学还可以培养学生的合作精神和创新意识，因为在探究情境的过程中，学生需要相互交流、协作、创新，才能解决问题。

抛锚式教学的实施需要教师具备较高的教学设计和指导能力，能够将所学知识和技能与情境相结合，设计出适合学生探究和应用的任务。同时，教师还需要引导学生在任务完成过程中进行思考、讨论和总结，帮助学生更好地理解和掌握所学内容。

（3）随机进入教学，即一种以学生为中心的教学方法，它强调在学习过程中，学生具有选择自己学习内容和学习方式的权利，能够按照自己的节奏和兴趣进行学习，并通过不同的媒介和工具获取信息和知识。

随机进入教学的主要特点是灵活性和多样性。教师可以根据学生的需求和兴趣，提供不同的学习资源和任务，让学生根据自己的喜好和水平进行选择和安排，从而激发学生的学习兴趣和动力。同时，在学习过程中，学生还可以通过互联网、电子书、视频、游戏等多种形式获取信息和知识，增加学习的效果和乐趣。

随机进入教学的实施需要教师具备较高的教学设计和指导能力，能够根据不同学生的需求和兴趣，提供适合的学习资源和任务，引导学生进行有效的学习和探究。同时，教师还需要根据学生的学习情况和表现，及时给予反馈和评价，帮助学生了解自己的学习成果和不足之处，从而调整学习策略和方法。

在教育领域中，社会建构主义理论提供了重要的启示。教育者应该注重学生的社会环境和文化背景，尊重学生的差异和多样性，帮助学生从自己的经验和文化中发掘知识和智慧。教育者应该采用开放性、探究性、以学生为中心的教学方法，让学生参与到知识的建构和学习中来，培养其批判性思维、创新意识和社会责任感。同时也应该注重学生的个体差异和需求，提供多样化的学习途径和资源，帮助每个学生都能实现自我价值和自我实现。

不同的教育学理论提供了不同的视角和方法来看待教育问题，在教育实践中需要根据具体情况选择合适的理论框架进行引导和指导。

（三）心理学理论

1. 自我决定理论

自我决定理论是一种人类动机和个体行为的心理学理论，由美国心理学家瑞安和德西在20世纪80年代提出的有关动机的认知理论发展而来。该理论认为，人类有三种基本的心理需求：自主性、能力和关系。当这些需要得到满足时，人们会更加投入所做的事情中，从而发挥出更好的表现和实现更高的自我价值。

具体来说，自我决定理论认为，人具有自主性和自我决定的动机。当人们能够选择和控制自己的行为时，会更加投入到所做的事情中，从而产生更高的内在动机和使命感。与此相反，如果人们感到被迫或受到限制，就会产生消极的情绪和行为。

自我决定理论对教育、工作等领域都有很大的指导意义。在教育中，教师应该尊重学生的自主权和选择权，提供有意义的任务和支持，以激发学生的内在动机和使命感。在工作中，领导者应该给予员工更多的自主权和控制权，让员工能够选择和掌控自己的工作内容和方式，从而提高员工的工作效率和幸福感。

自我决定理论认为，人类天生拥有自我决定和自我实现的动机，这是人类内在的基本需求。当人们能够选择和控制自己的行为时，会更加投入所做的事情中，从而感受到满足感和成就感，产生更高的使命感。在大学生使命教育中，可以通过提供有意义的任务和自主权，来激发学生的内在动机和使命感。

在大学生使命教育中，为了让学生感受到任务的意义和价值，教师需要设计有意义的任务，让学生能够将所学知识和技能应用到实际情境中，解决实际问题；教师需要给予学生一定的自主权，让学生能够自主选择任务、学习方式和时间，让学生感受到自己对学习的掌控力，从而增强其内在动机和使命感；提供适当的支持，帮助学生克服困难和挑战，同时不干预学生的自主选择，让学生能够从失败中学习和成长；给予学生积极的反馈和鼓励，让学生感受到自己的成就和进步，增强其自我肯定感和使命感。

自我决定理论为大学生使命教育提供了重要的理论基础和指导思想，教师需要根据学生的需求和兴趣，提供适当的任务和支持，引导学生发掘内在动机和使命感，实现个人与社会的共同发展。

2. 先锋者效应理论

先锋者效应理论认为，在一个团体中，第一个采取行动的人，对其他人的行动有一定的影响力。也就是说，当一个人成为一个领导者或先锋者时，他会引导其他人跟随他的脚步，并且更加努力地完成任务。

在某些情况下，成为一个先锋者会产生特殊的心理效应和社会影响。在这种情况下，先锋者往往会感到更高的使命感和责任感，从而更加努力地完成任务。同时，由于先锋者的影响力，其他人也会受到鼓舞和激励，更加积极地参与活动。

在大学生使命教育中，教师可以通过组织各种社会实践、志愿服务等活动，鼓励学生担任先锋者的角色，让他们意识到自己所承担的责任和使命，从而提高其使命感；通过讲述一些成功的先锋者的事迹，让学生感受到先锋者的拼搏精神和追求卓越的精神，从而激发他们对于自我发展和社会责任的意识；对于担任先锋者角色的学生给予充分的肯定和赞扬，让学生能够感到自己的成就和进步，从而增强其使命感，引导学生懂得如何成为一个先锋者，并且在实践中体验到先锋者的责任和使命感。

3. 流畅感理论

流畅感理论是源于人本主义心理学家马斯洛提出的“高峰体验”概念。马斯洛认为，当一个人完全沉浸在某项活动中时，会获得顺畅和喜悦的感觉，这种体验被称为“高峰体验”。高峰体验能够满足个体最高层次的需要，即发挥自身潜力，实现自我价值。因此，流畅感理论与马斯洛的需要层次理论和自我实现理论密切相关。

在马斯洛的理论中，个体的需求具有不同的层次，从基本的生理需求到更高层次的精神需求。而实现自我价值是最高层次的需求之一，也是个体成长和发展的重要目标。流畅感理论则强调，在某项活动中，当个体的技能水平和挑战程度相适应时，可以让个体进入“流”状态，获得顺畅和愉悦的感觉，并且更容易实现自我价值。

因此，流畅感理论提供了对马斯洛自我实现理论的一种补充和延伸。它强调了在实现自我价值的过程中，进入“流”状态，即完全沉浸在所做的事情中，忘记时间和环境，感到非常愉悦和满足。在这种状态下，人们可以发挥出最大的潜力，产生更高的工作效率和成就感。

这为大学生使命教育提供了重要的理论基础和指导思想，教师需要根据学生的需求和兴趣，提供有意义的任务和适当的支持，引导学生进入“流”状态，实现个人与社会的共同发展。

4. 人本主义理论

人本主义理论起源于20世纪50年代的美国，代表人物包括马斯洛、罗杰斯等。他们主张摆脱行为主义和精神分析的机械观念和简单化思维，关注人的内在世界和个体差异。在人本主义理论中，治疗者应该采用非指令性的方式，与患者建立积极的人际关系，让患者感受到被理解和接纳，从而发挥其自我愈合和自我成长的能力。

在马斯洛看来，每个人都有自己独特的个性和天赋，应该被视作一个完整的人，而不仅是一个机器人或者工具。因此，他主张要通过培养人的自我意识、自我表达和自主性等方面的能力，发掘和实现人的潜能，提高生命质量，实现个人与社会的共同发展。

人本主义理论强调人的个体性、自由意志、人性善良和自我实现等方面。该理论认为，每个人都具有独特的人格和价值，需要得到尊重和关注。此外，人本主义理论也认为，每个人都有追求幸福和自我实现的冲动和能力，只要给予适当的支持和帮助，就可以发挥出其潜力。

人本主义心理学提倡培养人的自我意识、自我表达和自主性等方面的能力，发掘和实现人的潜能，推动个人与社会的共同进步。它为现代教育提供了重要的理论基础和指导思想，对于培养有使命感的大学生和提高个体成长和发展水平都具有积极的作用。

教育者应该关注学生的个体差异和需求，注重学生的情感和社会发展，尊重学生的自主性和创造性，帮助学生发挥其个人潜力。教育者应该采用开放性、探究性、以学生为中心的教学方法，培养学生的批判性思维、创新意识和社会责任感，让他们成为具有独立人格和积极向上的人。在大学生使命教育中，教师可以通过提供有意义的任务和自主权，引导学生发掘内在动机和使命感；在职业生涯规划中，建议个体根据自身兴趣、价值观和能力进行选择，发挥自己的优势，以实现自我实现和个人发展。

第二节　加强大学生使命教育的现实基础

（一）社会需求

随着社会的发展，大学生作为未来社会的中坚力量，担负着更多的社会责任和使命。加强大学生使命教育是当前高校思想政治工作的重要任务之一。

1. 社会发展对大学生的要求越来越高

随着社会的发展，大学生需要具备更高的综合素质和更广阔的视野，承担更多的社会责任和使命。这也就需要大学生具备更强的社会责任感和使命感。

传统意义上，大学教育重视知识传授和学科训练，但是近年来，社会对大学生的综合素质要求越来越高。除了专业知识，大学生还需要具备语言表达、沟通能力、团队协作等综合素质，这也使大学生在就业市场中更具竞争力。

随着社会的快速变化和发展，实践能力已经成为大学生必须具备的一项重要素质。大学生需要通过各种实践活动锻炼自己的实践能力，并将其应用于未来的工作和生活中。大学生所从事的实践活动可以帮助他们更好地理解和应用所学知识，提高自己的综合素质和实践能力，同时也有利于促进个人发展和社会进步。

创新是推动社会进步和发展的引擎之一，因此，社会对大学生的创新精神要求越来越高。大学生需要具备创新思维和实践能力，以应对未来社会的挑战和需求。在大学期间，通过各种创新实践活动，大学生可以培养自己的创新精神和能力，为未来的职业发展打下坚实的基础。

作为未来社会的中坚力量，大学生需要承担更多的社会责任和使命。社会对大学生的社会责任感要求越来越高，希望他们能够关注社会问题，并为社会的发展做出积极贡献。大学生应该具备广阔的视野、全球化的思维和国际化的素养，积极参与到社会建设和发展中，为实现国家富强和人民幸福做出自己的贡献。

大学生需要具备更多的素质和能力，以适应未来社会的发展需求。加强大学生使命教育可以帮助大学生树立正确的价值观念，增强自身的社会责任感和使命感，从而更好地发挥自己在未来社会中的作用。

2. 教育改革的背景下，大学教育需要更多关注社会责任和使命

课堂教学改革是当前教育领域的一项重要任务。为了优化教学内容和创新教学方式，首先，根据新课程标准，更新教学内容，注重培养学生的实践能力和创新精神。同时，在课堂教学中，应该针对学生的认知和接受能力，

落实好有助于提升人文和科学素养的教学内容。

其次，创新教学方式。教学方法多种多样，要根据学生的特点和需求，选用合适的教学方式。要倡导启发式、探究式、讨论式、参与式教学，增强课堂教学的吸引力和感染力。引导学生掌握科学的学习方式，让学生主动参与、乐于钻研、勤于动手，提高学习效果。

教学改革的核心是改变原来单纯接受式的学习模式，建立以充分调动和发挥学生主体性为目标的学习模式。教学改革的核心也是教学关系的改革。学校需要让位于传统的教师教与学生学的观念，让教师和学生形成真正的“师生学习共同体”，开展无行课堂。无行课堂的五大要素包括：清晰可衡量的学习目标；有充足的时间让学生自主学习、合作学习、探究学习；有科学的学习策略指导；针对学习目标的真实学习反馈；在民主平等和积极反馈中学习。

当前，我国正在进行深刻的教育改革，着力培养具有创新精神、实践能力和社会责任感的高素质人才。社会责任与使命感已经成为了大学教育中不可忽视的一个重要议题。传统意义上，大学教育注重学术知识和专业技能的培养，但是现实社会对大学生的期望越来越高，希望他们能够在毕业后承担更多的社会责任，为社会做出积极的贡献。因此，大学教育需要更多地关注社会责任和使命感，大学生使命教育成了教育改革中不可或缺的一部分。

3. 高校思想政治工作需要多注重大学生的价值观建设

高校思想政治工作是培养全面发展的社会主义建设者和接班人的重要途径。大学生是新时代的主力军，他们的价值观对于未来社会的发展具有重要影响。这要求高校思想政治工作需要多注重大学生的价值观建设。大学生正处于人生的关键时期，他们的价值观观正在形成和巩固。高校思想政治工作应该通过各种教育活动，引导大学生形成正确的世界观、人生观和价值观，从而让他们在未来的社会生活中拥有正确的价值取向。作为未来社会的中坚力量，大学生需要承担更多的社会责任和使命。高校思想政治工作应该加强对大学生的社会责任感和使命感教育，让他们深刻认识到自己在未来社会中的责任和使命，从而为实现国家富强和人民幸福做出积极贡献。高校思想政治工作应该引导大学生弘扬中华民族的优秀传统文化和民族精神，增强爱国情怀，激发他们的爱国热情和责任感，推进先进文化建设，为大学生提供良好的文化环境和教育资源。通过推广先进文化和思想，提高大学生的文化素养和道德水平，帮助他们更好地适应社会发展的需要。

加强大学生使命教育是当前高校思想政治工作的重要任务之一。它符合社会发展的需求，也符合教育改革的方向。同时，加强大学生使命教育可以帮助大学生树立正确的价值观，为未来的社会发展做出更多的贡献。

4. 社会对大学生的评价标准正在发生改变

随着社会对高素质人才的需求越来越高，对大学生的评价标准正在发生改变。过去，大学生主要被评价为“知识型人才”，即所掌握的知识和技能成为衡量其能力和潜力的主要标准。现在，随着社会需求的变化，大学生所面临的挑战也在不断加强，社会对大学生的评价标准也在发生变化。以前，大学生主要被看作是一个知识体系的载体，但现在，除了专业知识外，社会更加重视大学生的综合素质，包括语言表达、沟通能力、团队协作等各方面。实践能力已经成为了大学生必须具备的一项重要素质。社会越来越注重大学生的实践经验和能力，认为他们应该能够将所学知识应用于实际工作中，并取得较好的效果。创新精神是推动社会进步和发展的引擎之一，因此，大学生需要具备创新思维和实践能力，以应对未来社会的挑战和需求。

社会对大学生的评价标准正在发生变化，从过去的“知识型人才”向全面素质型人才转变。大学生需要具备更强的综合素质、实践能力、创新能力和社会责任感，以适应未来社会的发展需求。这也是加强大学生使命感教育的现实基础之一。

（二）大学生自身需求

大学生自身也需要通过使命感教育来提高自身素质和能力。在大学期间，大学生所掌握的知识和技能只是他们未来职业发展的基础，而大学生的使命感则是推动他们不断进步和成长的动力。大学生需要通过使命教育，积极参与到社会建设和发展中，为实现国家富强和人民幸福做出自己的贡献，同时也可以提高自己的综合素质和实践能力，增强自己的职业竞争力。

大学生需要通过各种途径提高自己的综合素质，包括语言表达、沟通能力、团队协作等各方面。这不仅可以提高他们的职业竞争力，也有助于更好地适应未来社会的发展需求；通过各种实践活动锻炼自己的实践能力，并将其应用于未来的工作和生活中。大学生所从事的实践活动可以帮助他们更好地理解和应用所学知识，提高自己的实践能力和综合素质；在大学期间，需要积极各种创新实践活动，大学生可以培养自己的创新精神和能力，为未来的职业发展打下坚实的基础；在学业之余还要培养自己的兴趣爱好，帮助他们放松心情、缓解压力，也有助于开阔视野、提升综合素质。

大学生自身需求是大学生成长和发展的必要条件，也是加强大学生使命感教育的基础和前提。大学生使命教育也是培养全面发展的社会主义建设者和接班人的必要途径。通过加强大学生使命感教育，可以让他们深刻认识到自己在未来社会中的责任和使命，形成正确的价值观念和人生观，从而为实现中华民族伟大复兴和社会主义现代化建设提供有力的人才支撑。

大学生使命感教育的现实基础来源于社会对大学生的评价标准正在发生变化、大学生自身需求以及培养全面发展的社会主义建设者和接班人的需要。因此，加强大学生使命教育，对于提高大学生综合素质、推动大学生成长和发展，具有重要意义。

（三）教育政策支持

为了不断促进大学使命教育的发展，国家也在积极探寻各种方法提供相关的政策支持。例如，国家在高等教育领域提出了“素质教育”“能力培养”“创新创业”等一系列重要方针和政策，旨在通过加强教育内容和教育方式的改革，促进大学生的全面发展和个性成长。此外，国家还加大了对高校社会服务的支持力度，鼓励高校开展各种形式的社会实践活动，引导大学生走向社会、了解社会、参与社会，从而提高大学生的社会责任感和使命感。

当前，随着国民经济的快速发展和社会的不断进步，大学生使命教育已经成为高校教育的重要方向之一。为了加强大学生使命教育，国家十分重视这一问题，并加大了高校的财政投入力度，以保障高校得到足够的经费支持，提升高校的教学、科研和服务水平。

在教学方面，各级政府纷纷出台相关政策，增加高校的招生计划和教育经费，为高校营造更好的教学环境和条件，确保高校能够为学生提供更优质的教学资源和实践机会。例如，在师资队伍建设上，大力引进海外优秀人才和青年骨干教师，提高高校教师的整体素质；同时，各级政府也大力推广新型教育技术，如在线教育和远程教育，以便更好地满足学生的需求，提高教育水平。

在科研方面，国家鼓励高校积极开展科研工作，提高科研水平和科技创新能力。为此，政府加大了对高校科研项目的资金支持力度，并提供了更多的政策扶持，例如，加强知识产权保护和推广高校科技成果转化等。

教育部门制定了高等教育的发展目标，强调培养具有社会责任和使命感的人才是实现教育现代化的重要内容之一。国家鼓励高校加强思想政治理论课程和社会实践课程的设置，引导大学生走向社会、了解社会、参与社会，从而提高大学生的社会责任感和使命感。出台政策，鼓励高校加强师资队伍建设，提高教师的教学水平和科研能力，为大学生的社会责任教育提供更好的支持。支持高校开展各种形式的社会实践活动，通过实践来增强学生的社会责任感和使命感，并为学生提供更多的实践机会。鼓励高校加强学生职业规划和就业指导，引导学生认识到自己的社会责任和使命，为未来的职业生涯做好准备。

教育政策对于大学生使命教育的支持是非常重要的，它为高校提供了政策和资源保障，并引导高校把社会责任与使命感教育纳入教育体系中，促进了大学生全面发展的目标。未来，我们需要加强对大学生社会责任与使命感教育的研究和应用，以更好地培养有担当、有责任、有使命感的高素质人才。

（四）高校资源保障

高校资源是高等教育事业发展的重要基础，保障高校资源对于提高高等教育质量、培养高素质人才具有重要意义。只有高校提供了充足、优质的资源支持，才能够更好地开展大学生使命感教育。

高校需要拥有一支高水平、专业化的师资队伍引导学生正确的价值观，同时具备丰富的知识储备和良好的教育方法，从而更好地实现大学生的使命教育。同时，高校还需要提供各种形式的实践机会，如社会实践、志愿服务、校企合作等，让学生有机会了解社会，参与社会，从而增强其社会责任感和使命感。

高校制定符合时代发展要求的课程设置，注重将理论知识与实践能力相结合，培养具备创新精神和实践能力的高素质人才。此外，高校还需要积极与社会各界合作，获取更多的社会资源，如行业专家、企业管理者、公益组织等，为学生提供更优质的教育资源和实践机会。

高校也会在不断发展中加强教学设施建设，提高教学设备的科技含量和实用性，为学生提供更好的学习环境和条件。同时，高校也应该注重维护和更新教学设施，确保其持续运行和发挥作用；加强科研平台建设，提高科研设备的科技含量和实用性，为教师和学生提供更好的科研环境和条件。同时，高校也应该注重维护和更新科研平台，确保其持续运行和发挥作用；加强学术资源共享，建立和开放各种形式的学术交流平台，促进学术成果和经验的共享，提高高校整体水平。

高校资源的保障是高等教育事业发展的重要基础，是需要国家、高校和社会各方面共同努力的。通过师资队伍建设、教学设施建设、科研平台建设和学术资源共享等措施，可以保障高校资源，提高高等教育质量，培养更多、更优秀的高素质人才。

第五章

新时代大学生使命感的形成

第一节 新时代赋予大学生的使命

（一）推动创新型经济发展

新时代要求大学生具备创新精神和实践能力，积极投身到国家经济发展中。大学生应该通过各种方式，掌握最新科技、理论和管理知识，为促进经济发展提供智力支持和人才保障。

大学生应该肩负起时代的责任和担当，发挥创新精神。中华民族历来是富有创新精神的民族，我们的祖先创造了辉煌的中华文明，在世界上享有盛誉。但在近代以来，战争等原因使中国错失了许多发展良机，陷入危机。中华人民共和国成立后，我们才渐渐地重启创新、创造模式。科研经历了一段非常艰难的历史时期，正是科学家们不懈努力和不断创新，才为如今科技事业蓬勃发展奠定了坚实的基础。如今，我们已经有了外国友人口中的“新四大发明”，虽然这些新事物不是首次被发明，但是中国人将其最大限度地应用于社会发展的各个领域，这在某种程度上也是创新。

衡量一个国家是否为创新型国家有着既定的标准。首先，国家的研发投入占 GDP 的比例一般在 2% 以上——中国达到了 2.15%。其次，科技进步贡献率达 70% 以上，中国在这一点上仍需提高，目前只占 57.5%。再次，国家的对外技术依存度在 30% 以下，中国达到了 50%，这一点还需降低。最后，创新产出高，拥有高效的国家创新体系，中国在这方面也需继续努力。中国正在朝着成为创新型国家的目标努力前进。创新是一个民族进步的灵魂，是一个国家兴旺发达的不竭动力。当前我国在核心技术、高端制造设备等方面仍然高度依赖发达国家。因此，创新是新时代的迫切要求。当前中国要获得国家竞争新优势、赢得未来新发展，就必须依靠创新。建设创新型国家的战略目标是，到2035年跻身创新型国家前列，到2049年时成为世界科技强国。

大学生作为创新的生力军，是一个充满激情、富有想象力、拥有创造力的群体。在当今日新月异的社会环境下，大学生应该自觉树立创新意识，勇于突破陈规，积极探索新思想、新理论。深入学习本专业知识，加强基础理论的学习，提高专业技能水平，并将所学知识运用到实际工作中；积极了解和学习相关专业知识，扩展自己的知识面，掌握多种技能，以更全面的视野和更广泛的知识储备推动创新发展；参与各种科学研究项目，提高自己的科学素养和实践能力，并将所学知识应用于实际问题的解决上；勇于探索创新思路，敢于尝试新的想法和方法，不断提高自己的创新能力；树立责任意识，肩负起中国创新型国家建设的重任，为国家和社会做出更多的贡献；注重实践，通过强化专业知识学习、拓宽相关专业知识、积极参加科学研究、探索创新思路等方式，提高自己的创新能力和实践能力。只有这样，才能更好地发挥创新精神，肩负起责任担当，为中国的创新型国家建设贡献自己的力量。

（二）树立文化自信，弘扬中华文化

文化自信是指以自豪的态度对待本民族的文化，对传统文化进行传承和创新，并在国际文化交流中充分展示本民族的独特魅力和思想智慧。这种自信不仅来自于历史文化的底蕴和传承，也来自于现代文化的创新和发展。

文化自信是一个国家、一个民族强大的精神支撑和根本力量。文化自信是国家和民族的精神纽带。一种文化代表着一个民族的生存和发展历程，是一个民族自我认同和凝聚力的来源。文化自信可以激发人们的爱国情感和集体认同感，促进社会和谐稳定，有助于推动国家和民族的发展。

文化自信是国家软实力的重要组成部分。当一个国家拥有独特的文化时，就能更好地向外界展示自己的魅力和吸引力。通过文化输出，一个国家可以

获得更多的友好合作伙伴，提高自身国际影响力和竞争力。同时，文化自信也可以为国家的经济发展提供新的增长点和动力。

文化自信是一个民族创新和发展的源泉。文化自信可以激励人们探索和发掘自己民族文化的精髓，以此为基础进行自主创新，形成具有自己特色的科技和文化产品，更好地满足人民群众对于美好生活的需要，推动社会进步和发展。

文化自信是一个国家、一个民族强大的精神支撑和根本力量。只有坚定文化自信，才能在世界舞台上展示出自己的独特魅力和思想智慧，实现中华民族伟大复兴的中国梦。

新时代要求大学生树立文化自信，弘扬中华传统文化，作为未来社会的中坚力量，大学生应该在充分汲取西方文化成果的同时，不断挖掘和传承中华文化，为中华文化的传承和弘扬做出贡献。

大学生应该认真学习中华传统文化的基本概念、历史背景、文化内涵等方面的知识，加深对中华传统文化的认识和理解；通过各种形式宣传推广中华传统文化，如组织传统文化讲座、举办校园文化节、参加传统文化比赛等，让更多的人了解和感受中华文化的魅力；积极参加各类传统文化活动，如书法、绘画、民乐演奏等，寻找并拜访名家长者，亲身感受传统文化的魅力，并将所学知识应用于实践中；探索中华传统文化的创新发展，将其与现代科技相结合，推动中华文化的创新发展。比如，利用数字化手段重构中国传统文化，打造出更符合现代生活的具有时代特色的文化产品。

在如今中西文化不断交融的今天，当代大学生更应该坚持中西文化互鉴，促进中华文化的创新和发展，也能够丰富西方文化，推动不同文明之间的交流和融合。通过吸收和借鉴西方文化的优秀成果，结合中华文化的特点和优势，推动中华文化的创新和发展，使其更加适应现代社会的需求和发展。增强民族自信心，提升国际影响力，推动文明交流互鉴的进程，实现人类文明的共同繁荣。通过学习和体验不同文化，可以拓宽视野，增强文化认知，提高沟通和交流的效果，从而更好地适应全球化的时代需求。

大学生在汲取西方文化成果的同时，也要弘扬中华传统文化，为中华文化的传承和弘扬做出贡献。只有坚持中西文化互鉴，才能更好地推动中华文化的创新和发展，为实现中华民族伟大复兴贡献自己的力量。

（三）文化传承

文化传承是指一种代代相传的社会现象，是人类文明发展过程中不可或缺的部分。它涵盖了各种形式的文化遗产，包括语言、文学、音乐、戏剧、绘画、雕塑、建筑、传统手工艺等。文化传承对于一个国家和民族的繁荣与发展具有重要意义。一个民族的文化是其精神世界的载体，是民族认同感的重要来源。通过传承和弘扬本民族的文化，可以增强民族自豪感和自信心，使民族文化更加鲜明、丰富、多样化。

传统文化是社会稳定的重要因素之一。它代表着一种秩序、规范和价值观念，具有凝聚社会力量的作用。传承和弘扬传统文化，可以促进社会和谐、稳定和发展。

文化产业已成为当今世界上发展最快的产业之一，而文化传承是文化产业发展的基础。传承和利用本民族的文化遗产，可以推动相关产业的发展，促进经济增长。传统文化代表着人类智慧和创造力的结晶，它给人们提供了一种独特的审美体验和情感共鸣。传承和弘扬传统文化，可以丰富人们的精神生活，满足人类不断增长的文化需求。

文化传承是推动国家和民族繁荣发展的重要因素。只有将传统文化传承好、弘扬好，才能够更好地增强民族自信心、促进社会稳定、推动经济发展、丰富人类精神生活。

在当今社会，随着现代化的进程，文化多样性得到了很好地保护和发展。大学生作为新时代的青年，作为国家文化的传承者和弘扬者，拥有更多的机会和资源接触丰富多彩的文化，更应该积极传承和弘扬中华文化，推动中国文化的创新和发展，使其在现代社会中焕发新的生机和活力，认识到文化的重要性，并将其传承下去。

中国作为一个统一的多民族国家，各民族之间都有着独特的文化传统。大学生作为新时代的中坚力量，应该肩负起传承和发扬民族文化的责任，保护、传承、弘扬自己民族的文化精髓。

大学生文化传承可以推动社会文明的进步和发展。文化是一种精神财富，它对人们的思想、道德、行为等方面都有着深刻的影响。大学生应该通过传承和发扬文化传统，倡导文明礼仪、尊重传统、关注公共福利等社会价值观念，推动社会文明的进步和发展。

文化传承需要大学生具备丰富的知识、深刻的思考和良好的表达能力，这些都是提高自身综合素质的重要途径。

大学生文化传承的使命不仅可以促进民族文化的传承和发展，推动社会文明的进步和发展，还可以提高自身综合素质。因此，大学生应该积极参与到文化传承中，保护和弘扬文化遗产，为实现中华民族伟大复兴做出自己的贡献。

（四）着眼全球视野

着眼全球视野对大学生个人发展至关重要。如今，世界已经变得越来越紧密、交流越来越频繁，跨国企业也越来越多，因此，了解世界各国的经济、政治、文化等方面的情况和变化越来越重要。在这种背景下，拥有全球视野的大学生不仅可以更好地适应未来的就业环境，还能够获得更广泛的知识和经验，提高自身的综合素质，更好地实现个人发展。

进入全球化时代后，语言和跨文化沟通能力成为了大学生就业的必备技能之一。拥有全球视野的大学生能够跨越不同的文化和语言，进行有效的交流和合作。这样一来，他们不仅可以更好地适应国际环境，还能够更好地了解世界各地的文化和习惯，从而更好地理解和尊重不同的文化。

了解世界各国的经济、政治、文化等方面的情况和变化，可以让大学生拓宽视野，增加对不同事物的认识和理解。这样一来，他们就会更加开放和包容，能够更好地应对未来的挑战。

在全球化时代，企业需要具备全球视野的人才，只有这样才能更好地适应复杂多变的市场环境。因此，拥有全球视野的大学生在求职和晋升过程中具有更强的竞争力，可获得更好的职业机会和发展空间。了解全球范围内的知识和信息，可以让大学生更好地掌握前沿技术和发展趋势，从而提高自身综合素质和竞争力。同时，全球视野还可以培养大学生的创新意识和创业精神，激发他们追求卓越的动力和勇气。通过了解世界各国的经济、政治、文化等方面的情况和变化，才能更好地适应未来的就业环境，提高自身的综合素质和竞争力，更好地实现个人发展。

拥有全球视野的人才是国家发展的重要资源，对国家的发展起着至关重要的作用。优秀的人才不仅是国家经济、科技、文化等方面发展的关键因素，也是国家软实力的重要组成部分。在市场经济条件下，人才是企业和产业发展的关键因素。拥有高素质的人才可以推动创新、提升生产力，从而促进整个产业链的升级。这样一来，国家的经济实力就能够得到有效提升。科技创新是推动国家发展的重要驱动力，而人才是科技创新的核心力量。只有拥有高素质的人才，国家才能取得更多的创新成果，在关键领域取得战略性优势，提高国家的科技创新能力。文化是一个国家软实力的重要组成部分。拥有高水平的艺术家、文化工作者、教育工作者等人才，可以推动国家文化事业的发展，提升国家文化软实力。

在全球化时代，各个国家之间的竞争愈发激烈。拥有高素质、具有国际视野和背景的人才，可以为国家赢得更多的国际资源、市场和支持，提高国家的国际竞争力。

人才对国家的重要性不言而喻。只有注重人才培养和引进，提高人才的数量和素质，才能够更好地推动国家的经济、科技、文化等方面的发展，增强国家的软实力和国际竞争力，实现国家的繁荣富强。

新时代要求大学生具备更加广阔的国际视野，大学生应该关注国际形势，了解国际规则和国际竞争，积极参与到国际交流合作中，为推进人类文明进步和全球治理贡献力量。

（五）担当社会责任

新时代要求大学生承担更多的社会责任和使命。大学生应该关注社会问题，积极参与各种公益活动，为社会发展和人民幸福做出自己的贡献。

在新时代下，大学生作为未来社会的中坚力量，承担着更多的社会责任和使命。这主要源于随着科技的不断发展，社会对高素质、高技能人才的需求也越来越多。

随着科技进步和产业升级，各行各业对于人才的技能水平提出了更高的要求。大学生需要掌握先进的技术知识和操作技能，具备较强的实践能力。互联网、人工智能等新兴产业的发展，需要更多的创新型人才和创业型人才。大学生应该具备创新意识、创业精神和创造性思维，积极参与到创新和创业中去。随着全球化的发展，国际化人才也成为企业和社会所需的重要人才。大学生应该具备跨文化交流和沟通能力，了解国际市场和国际规则，具备良好的英语和其他外语沟通能力。除了专业技能外，大学生还需要具备一定的综合素质，如领导力、组织管理能力、团队协作能力、沟通表达能力、创新思维能力等，这些都是企业和社会所需的重要素质。

大学生应该注重专业知识的学习和掌握，在自己所学的领域里拓宽视野、提高技能，通过实践不断提升自己的实际操作能力。在专业领域内不断深耕，以满足现代社会的需求。同时，注重职业素养的培养，包括道德修养、职业操守、社交礼仪等方面。只有具备优秀的职业素养，才能在职场中获得更多的机会和发展，适应现代社会的发展需要。

作为未来社会的中坚力量，大学生不仅应该注重自身发展，还要关注社会问题，如环境污染、贫困教育、文化传承等，了解社会现状及其影响，认识到自己所处的角色和责任，并思考如何为社会做出贡献；积极参与公益活动，如义工、捐赠等，通过实际行动，为弱势群体提供帮助，为社会公益事业发挥自己的作用；通过志愿服务为社会做出贡献。参加志愿服务可以提高自己的综合素质和能力，锻炼自己的领导力、组织管理能力、团队协作能力、沟通表达能力等；通过创新创业为社会做出贡献。创新创业可以创造就业机会，提高自身素质和能力，同时也可以为社会带来更多的经济效益。

总之，大学生应该关注社会问题，积极参与公益活动和志愿服务，为社会贡献自己的力量，回报社会。通过这些实际行动，大学生不仅能够锻炼自己的综合素质和能力，还能够培养社会责任感、公共意识和创新精神。

（六）关心祖国和民族的命运

作为当代中国大学生，不仅是个人，更是一个群体，生活在社会主义的保护下。当代大学生所处的时代和环境决定了他们有着重要的历史使命。作为新时代的青年人，大学生应该更多地关注国家大事，了解当今世界的发展趋势，特别是中国在国际上所处的环境。只有敏锐观察和判断国际动向，才能够朝着国际上需要的人才战略目标前进，为实现振兴中华的理想而努力。

首先，大学生应该了解国家的发展现状。中国正处于快速发展的历史阶段，大学生应该了解国家经济、政治、文化等各个方面的情况，积极参与到国家建设和发展中来。同时，大学生还应该了解国家的外交政策和对外关系，关注国际形势的变化和趋势，为参与国际合作、交流、竞争做好准备。

其次，大学生应该培养国际视野和跨文化沟通能力。当前，全球化已成为趋势，国际合作和交流日益频繁，具备国际视野和跨文化沟通能力的人才已成为各个领域的迫切需求。因此，大学生应该了解不同国家、不同文化间的差异，学会有效地进行跨文化交流和合作，提高自己的竞争力。

最后，大学生应该关注国家与民族的命运。作为中华民族的一员，大学生应该有强烈的爱国情感和责任意识，关注祖国和民族的发展和前途。只有在实现国家富强、民族振兴的道路上奋斗，才能够真正实现自身价值和人生价值。

当代中国大学生不仅是独立的个体，更是一个群体，大学生应该以国家和民族的利益为重，始终坚持为人民服务的宗旨，积极投身到实现中华民族伟大复兴的历史进程中。

新时代环境下，大学生承担着更多的社会责任和使命。大学生应该认真履行自己的社会责任，不断提高自身素质和能力，在实现个人价值的同时，也要紧密联系国家和社会的需要，为中华民族伟大复兴和实现人民对美好生活的向往而不懈奋斗。

第二节　新时代大学生使命教育理念

作为新时代的大学生，我们应该始终牢记“立德树人、知行合一、服务社会”的使命意识。我们要通过学习与实践，不断提升自身素质和能力，成为具有爱国、责任、创新、担当的精神风貌的人才。

爱国是我们每个人的义务和责任，也是我们最基本的情感和价值观。大学生要深入学习国家历史、文化和制度，增强对国家和民族的认同感和归属感，积极投身于国家建设和发展事业。

责任是每一名大学生必须承担的，大学生要勇于担当社会责任，关心社会发展和民生福祉，积极参加志愿服务和公益活动，用实际行动践行“奉献、友爱、互助、进步”的志愿者精神。

创新是大学生前进道路上必须具备的素质，大学生要开拓创新思维，注重实践能力的培养，掌握先进的科技和管理知识，学习多种语言和文化，以更好地适应未来社会的发展需求。

担当是大学生必须具备的精神品质，大学生要有坚定的人生目标和信仰，积极投身于国家和民族的事业，勇于承担社会责任和历史使命，为实现中华民族伟大复兴的中国梦而不懈奋斗。

（一）树立爱国主义精神，弘扬中华优秀传统文化，增强民族自尊心和自信心

爱国主义精神强调作为中国人应该有的责任感和使命感，以及在新时代背景下维护国家利益和民族尊严的重要性。具体来说，树立爱国主义精神，弘扬中华优秀传统文化，增强民族自尊心和自信心包括以下四方面。

（1）通过开展各种形式的爱国主义教育活动，可以让大学生更加深入地了解国家的历史、文化、发展状况等方面的知识，从而培养对祖国的深厚感情和热爱。这将有助于提高全民族的凝聚力和向心力，促进国家发展和繁荣。

（2）中华优秀传统文化是中华民族的瑰宝，具有悠久的历史和深厚的底蕴。通过加强中华优秀传统文化的传承和弘扬，可以让大学生更好地了解中华文化的博大精深，增强对中华民族的文化自信心和自豪感。加强中华优秀传统文化的传承和弘扬是一项长期而艰巨的任务。我们需要从多个方面入手，通过教育、保护、推广和倡导等方式，让更多人了解中华文化的博大精深，增强中华民族的文化自信心和自豪感，为中华优秀传统文化的发展和繁荣做出贡献。

（3）加强各族人民之间的交流与合作，是促进各民族之间相互理解和融合、增强民族团结和凝聚力的关键。通过语言文化交流、合作交流平台、社区活动、建立互信机制和推广优秀文化等方面的措施，可以增强各民族之间的联

系和互动，为实现民族团结做出贡献。

（4）不断发展国家经济、科技、文化等方面的实力，可以提升中国在国际社会中的地位和影响力，增强国民的自豪感和自信心。这将有助于促进国家和社会的稳定和繁荣，同时也有利于推进全球化进程，实现人类共同发展。

（二）培养责任感，关注国家和社会发展，积极参与公益活动，为社会做出贡献

作为未来的栋梁之才，大学生应该树立起强烈的社会责任感，主动承担起自己在家庭、学校和社会中的角色和职责。大学生应该紧跟国家和社会的发展步伐，了解和熟悉国情、民情，关注社会热点问题，积极参与社会实践活动，为推进国家和社会的进步做出贡献。

大学生应该积极参与各类公益活动，如支教、助残、环保、扶贫等，帮助需要帮助的人群，传递正能量，增强社会责任感和使命感。大学生应该立志成为有用之才，在自身专业领域内不断探索创新，为社会做出贡献，推动社会发展。通过不断提升自身素质和能力，以服务国家、服务人民、服务社会为己任，才能更好地实现个人价值和社会价值的双赢。

培养责任感，关注国家和社会发展，积极参与公益活动，为社会做出贡献是每个公民应尽的义务和责任。政府可以通过加强宣传教育、打造公益平台、政策支持等方面的措施，引导更多人参与公益事业并发挥积极作用，共同推动社会的发展和进步。

（三）倡导创新思维，勇于探索未知领域，推进科技创新和社会进步

高校在教育教学中注重培养学生的创新思维能力，鼓励学生勇于探索未知领域，提高科技创新意识。可以通过开设创新实验室、组织创新竞赛等方式，激发学生的创新热情。加大对科技领域的投资，支持科技人员进行前沿科研工作，鼓励他们勇于探索未知领域，推进科技创新和社会进步。支持科技研究是推进科技创新和社会进步的重要手段之一。建立产学研合作机制，让科研成果更快地转化为实际应用，在经济和社会领域得到更广泛的应用。通过各种途径和方式，鼓励大学生勇于尝试，培养创业精神，帮助创新型企业和创新型人才

获得更多支持，推进社会进步。加强对科技创新和社会进步的宣传，让公众了解科技发展的重要性和科技成果带来的影响，提高大众对科技创新的认识和支持度。

倡导大学生的创新思维，勇于探索未知领域，推进科技创新和社会进步是一个长期而复杂的过程。通过创新教育、支持科技研究、加强产学研合作、培养创业精神和加强科技宣传等方面的措施，可以推动科技创新和社会进步，为人类文明的发展做出更多的贡献。

（四）发扬担当精神，勇挑重担，迎难而上，在实现个人价值的同时，为国家和社会的发展尽一份力

（1）树立责任意识：担当精神源于责任意识，只有树立起责任意识，才能更好地发挥自己的作用。每位大学生都应该认真对待自己的工作和生活，把责任当做一种荣誉和使命，承担起责任，坚守原则，激励自己，不断提高自身素质和能力，为实现目标而努力奋斗。通过这种方式，可以让责任意识成为一种荣誉和使命，从而更好地发挥自己的作用，也为社会发展和进步做出自己的贡献。

（2）提高综合素质：担当精神需要基础素质的支撑，包括知识、技能、态度等方面。要不断学习、提升自己的综合素质，增强自己的竞争力和担当能力。除了学习知识、提升技能和塑造正确态度外，还需要注重提高综合素质、持续学习等方面的措施。只有不断提升自己的素质，增强自身竞争力和担当能力，才能更好地履行社会责任，为社会进步做出更大贡献。

（3）主动承担责任：担当精神需要主动承担责任，在困难面前不退缩，在挑战面前不畏惧。只有主动承担责任，才能更好地实现自己的价值，为国家和社会的发展尽一份力。主动承担责任是发扬担当精神的重要体现，需要树立责任意识，打破舒适区，积极解决问题，持续努力。在主动承担责任的过程中，大学生能够成长并为国家和社会的发展尽一份责任。主动承担责任是大学生成长的重要方式，有助于培养学生良好的品德和责任心。

（4）支持国家和社会事业：作为一个公民，每个人都应该积极支持国家和社会的事业，通过参与公益活动、支持社会组织等方式，贡献自己的力量，为

国家和社会的发展尽一份力。可以关注媒体、社交网络等渠道，了解社会热点事件，提出合理建议和意见，这将有助于推动社会进步和发展，促进全民福祉的提高。支持国家和社会事业对于大学生来说就是通过自己的行动，积极参与到国家和社会事业中，为国家和社会的发展和进步做出贡献。

发扬担当精神，勇挑重担，迎难而上是实现个人价值和为国家和社会的发展尽一份力的重要途径。需要树立责任意识，提高综合素质，主动承担责任，支持国家和社会事业，为实现中华民族伟大复兴做出应有的贡献。

第三节　新时代大学生使命教育的重要性

新时代大学生使命教育是指通过对大学生进行思想政治教育，引导他们树立正确的人生观、价值观和世界观，认识到自身存在的社会责任和历史使命，培养其担当民族复兴大任的意识和能力，培养他们的创新精神和实践能力以及担当民族复兴大任的意识，为实现中华民族伟大复兴做出自己的贡献的一种教育方式。它对于培养具有高度社会责任感和创新精神的优秀人才，推动中国特色社会主义事业发展，具有非常重要的意义。

新时代大学生使命教育是当前高校教育的重要内容之一，也是培养具有全球视野、创新精神和社会责任意识的高素质人才的关键。在新时代背景下，大学生不仅要具备专业知识和技能，还应当具备强烈的社会责任感和使命感，为实现中华民族伟大复兴而奋斗。因此，开展新时代大学生使命教育具有重要意义。

具体来说，新时代大学生使命教育的重要性表现在以下四方面。

（1）引导大学生树立正确的世界观、人生观和价值观，建立以人民为中心的发展思想。

树立正确的世界观、人生观和价值观，建立以人民为中心的发展思想对于大学生来说是至关重要的。这可以帮助大学生形成自己的人生目标，增强社会责任感和综合素质，同时也有助于国家与社会的发展。通过教育引导，大学生能够了解社会的发展状况和存在的问题，并认识到个人应该承担的社会责任，从而积极参与社会实践和公益活动，为实现中华民族伟大复兴的中国梦做出贡献。

大学生作为未来的栋梁之材，他们的思想观念、人生态度和价值取向对于整个社会的发展都有着深远的影响。因此，必须加强对大学生的思想引领和价值观教育，引导他们明确自己的社会责任和历史使命，更好地服务于国家和民族的繁荣发展。

加强思想引领是大学生思想政治教育的重要内容。高校应该通过开展各种形式的思想政治教育活动，引导大学生树立正确的世界观、人生观和价值观，增强爱国主义和集体主义意识，弘扬中华优秀传统文化，提高大学生的思想政治素质。

价值观教育是培养大学生社会责任意识的关键。高校应该注重引导大学生树立正确的价值观，让他们认识到自身的社会责任和使命，在实际行动中践行社会主义核心价值观，积极参与公益事业，为社会和人民做出贡献。

引导大学生明确自己的历史使命是高校教育的重要任务。大学生作为国家和民族的未来，需要深刻认识到自身的历史使命，为实现中华民族伟大复兴而努力拼搏。高校应该通过开展各种形式的思想政治教育活动，加强对大学生的思想引领和价值观教育，引导他们明确自己的社会责任和历史使命，是当前高校教育的重要任务之一。培养大学生的思想政治素质和社会责任意识，让他们成为具有全球视野、创新精神和社会责任意识的高素质人才。

（2）培养大学生的创新精神和实践能力，提高综合素质。

作为国家未来的中坚力量，大学生应当具备全面的素质和能力，以推动国家科技进步和经济发展。因此，新时代大学生使命教育非常重视培养大学生的综合素质，特别是创新精神和实践能力。

创新是社会进步的重要驱动力，也是促进国家经济发展的关键。因此，大学生应当具备创新思维和创新能力，勇于探索新的领域和方法，不断推陈出新，为国家和社会带来更多的贡献。实践是知识的落地，是锤炼人才的重要途径。大学生应当注重实践教育，参与各种实践活动，积累实践经验，提高实践能力，为将来的就业和工作打下坚实基础。大学生不仅需要掌握专业知识和技能，还需要具备广泛的文化素养、良好的人文精神和健康的心理素质。只有具备全面的素质，才能够更好地适应社会发展的需要，为国家和社会做出更多的贡献。

（3）培养大学生的社会责任感和担当精神，激发他们的爱国情怀和民族自信心。

作为国家未来的主人翁，大学生应当具备高度的社会责任感和担当精神。新时代大学生使命教育应当注重培养大学生的爱国情怀和民族自信心，引导他们树立正确的国家观、民族观和世界观。

新时代大学生使命教育强调爱国主义的核心地位，让大学生深入了解中国悠久的历史文化和民族精神，增强对祖国的认同感、归属感和自豪感，激发他们为国家的繁荣富强贡献力量的意识和决心。民族自信是新时代的重要品质之一，也是实现中华民族伟大复兴的必要条件之一。大学生应当关注民族文化传承和发展，增强对民族文化的自信和认同，以此激发起更强烈的创造性和创新精神，为推动中华民族的伟大复兴而奋斗。新时代大学生使命教育应当引导大学生树立开放、包容、平等、互利的世界观和人类命运共同体意识，增强对世界的了解和认知，拥有更广阔的国际视野和跨文化交流能力，为推动全球合作与发展做出贡献。

随着经济全球化和信息技术的不断发展，世界正在经历一场前所未有的思想文化交流和较量。在这样的背景下，大学生使命教育成为了我国高校思想政治教育的核心和灵魂。理想信念是大学生内心深处的精神支柱和价值追求，关系到他们的人生观、价值观和世界观。因此，教育主体必须将使命教育真正列为大学生思想政治教育的核心内容，始终坚持以习近平新时代中国特色社会主义思想为指导，加强对大学生的思想引领和精神激励。提高大学生的理想信念教育实效，切实增强他们的思想道德素质和文化自信。要坚持立德树人的根本任务，注重思想政治教育与学科教育的有机结合，培养大学生综合素质和创新能力。

同时，在多元文化背景下的大学生理想信念教育也需要突破和创新。我们要注重发掘大学生自身的文化资源和内在需求，引导他们积极参与社会实践和文化交流活动，拓宽视野、增长才干、锤炼品格。要加强师资队伍建设，提高教育者的思想政治素质和教育水平，使其具备更好地开展大学生理想信念教育的能力和条件。

（4）增强精神追求和文化自信。

随着经济的飞速发展和社会变革的加速，我们面临着越来越多的挑战和机遇。在这个过程中，增强精神追求和文化自信成为了一种非常重要的需求和目标。

增强精神追求可以帮助大学生树立正确的人生观和价值观。在日常生活中，很容易被物质上的诱惑所吸引，忘记了对内心追求的重视。而当大学生以精神追求为导向时，就能够更好地认识自我、激发潜能，提高自身素质和内涵，从而建立起更健康、积极的人生态度。文化自信不仅是一种对自己历史和传统的认同，也是对外展示自身文化魅力的重要方式。只有具备强烈的文化自信，才能够在全球文化交流中占据重要地位，并在经济、政治等领域获得更大的发展空间。增强精神追求和文化自信还有助于促进社会和谐发展。在当今的社会中，存在着各种矛盾和分歧，需要有更多的精神力量来凝聚人心、化解矛盾。而文化自信则是一个国家或民族内部凝聚力的重要来源，可以帮助我们摒弃偏见和误解，增进相互理解和尊重。

增强精神追求可以让大学生更加明确自己的人生目标，积极追求自己的梦想。同时，通过强化文化自信，大学生能够更好地了解和传承中华文化，从而实现个人与民族的共同进步。

精神追求和文化自信也有助于提高大学生的创新能力。在强化文化自信的基础上，大学生可以更好地把握时代发展趋势，不断探索前沿科技和文化进步，推动社会进步。通过增强精神追求和文化自信，大学生可以提高自身的综合素质。这包括人文素养、道德修养、职业素养等方面，使大学生不仅拥有专业知识，还具备全面的素质。增强精神追求和文化自信还有利于促进国家和民族的发展。通过弘扬中华文化和传统美德，可以激发人民的爱国热情和集体荣誉感，从而推动国家建设事业和社会进步。

增强精神追求和文化自信对于个人和国家的发展都具有非常重要的意义。这既有助于实现个人价值，提高创新能力和综合素质，同时也有助于促进国家和民族的发展。只有不断地提高自身素质和文化底蕴，才能够在激烈的竞争中立于不败之地，走向更加光明的未来。

大学生使命教育需要坚持正确的指导思想，把握时代发展的脉搏，深入挖掘大学生内心的价值追求，真正发挥大学生使命教育的作用，为培养更多社会主义事业合格的建设者和接班人做出积极的贡献。

总之，新时代大学生使命教育对于推动中国特色社会主义事业发展，促进国家繁荣和稳定，建设富强民主文明和谐美丽的社会主义现代化强国具有非常重要的意义。新时代大学生使命教育可以为培养具有全球视野、创新精神和社会责任意识的高素质人才，为实现中华民族伟大复兴做出贡献。

第四节　新时代大学生使命教育的必要性

大学生思想政治教育旨在通过对大学生进行思想、道德、法律等方面的教育，引导他们树立正确的世界观、人生观和价值观，鼓舞他们为实现中华民族伟大复兴而奋斗。其中，新时代大学生使命教育是思想政治工作的重要组成部分，也是构筑强大精神支柱的关键环节。

新时代大学生使命教育之所以是必要的，主要有以下五个原因。

（1）促进大学生全面发展。新时代大学生使命教育不仅要注重知识、技能等方面的培养，更要注重大学生思想、品德、文化素养等全面素质的培养，从而让大学生能够在未来的社会中做出更大的贡献。

思想素质是大学生全面素质的重要组成部分。良好的思想素质能够让大学生认识到自身的价值和社会责任，具备独立思考和解决问题的能力，成为具有社会责任意识和创新精神的高素质人才。

品德素质是大学生全面素质的重要体现。高校应该通过加强德育教育，引导大学生树立正确的道德观念和行为规范，提高他们的道德素养和社会责任感，培养具有高尚品德和优秀作风的新时代大学生。

文化素养也体现着大学生的全面素质。高校应该通过开展多样化的人文活动，让大学生了解和掌握中华优秀传统文化，增强文化自信和民族自豪感，提高他们的文化素养和综合素质。

专业素质是当今时代人才最需要的。高校应该通过开展多样化的实践活动和课程设置，让大学生掌握专业知识和技能，具备创新思维和实践能力，成为能够适应社会需求并为之服务的高素质人才。

（2）培养高尚情操和良好品德。

高尚的情操和良好的品德是人类文明发展的重要组成部分，对于个人的成长、家庭、社会以及国家的繁荣都具有非常重要的意义。

高尚的情操和良好的品德是个人成长的基础。一个人的品德决定了他的行为方式和处理问题的方法，而高尚的情操则决定着一个人的精神状态和内心世界。只有具备高尚的情操和良好的品德，才能够在日常生活中克服各种挑战，保持积极向上的心态，实现自我价值的最大化。

高尚的情操和良好的品德对于家庭和社会的和谐稳定至关重要。一个人的品德和情操直接影响到他与家人、朋友和同事之间的互动，同时也关系到社会道德风尚的形成和传承。如果每个人都具备高尚的情操和良好的品德，那么整个社会就会变得更加公正、和谐、稳定。

高尚的情操和良好的品德对于国家的繁荣和发展也具有重要的作用。一个国家的文明和道德水平直接反映了其民众的品德素质和道德观念。只有具备高尚的情操和良好的品德，才能够积极参与社会生活和公共事务，推动国家的发展和繁荣。

高尚的情操和良好的品德对于个人、家庭、社会和国家都具有非常重要的意义。新时代大学生使命教育可以引导大学生树立正确的价值观念和人生态度，增强其文化自信和道德观念，培养高尚的情操和良好的品德，从而使大学生成为具有道德情操和社会责任感的优秀人才。

（3）提高国家核心竞争力。

国家核心竞争力是指一个国家在全球经济和政治环境下，通过自身资源和能力的整合和提升，以更高效率和更高质量实现国家繁荣和稳定，提高国家在国际舞台上的地位和影响力。而要提高国家核心竞争力，科技创新是首要的，只有加大对科技创新的投入，不断提升科技创新的能力和水平，才能在全球经济中保持领先地位。人才是国家发展的重要资源，只有拥有高素质、高技能和高创新精神的人才队伍，才能为国家的经济和社会发展提供强有力的支撑。

提高国家核心竞争力需要从多个方面入手，包括加强科技创新能力、提高人才素质和数量、加强产业转型升级、推进开放合作以及建设良好的政治、法律和社会环境等。只有全面提升国家的综合实力，才能在全球竞争中取得更大的优势和更好的发展机遇。

新时代大学生肩负着中华民族伟大复兴的光荣使命，国家核心竞争力依赖人才驱动。新时代大学生使命教育可以培养大学生的创新精神和实践能力，提高其综合素质，这些能力的提高将有助于大学生更好地适应未来的社会和经济发展需求，从而为国家核心竞争力的提升做出更大的贡献。

在现代社会，创新是推动社会进步和经济发展的重要引擎。通过开展各种形式的创新创业活动，如科技创新、文化艺术创新等，大学生可以培养并锤炼自己的创新精神和创新能力，激发他们的创造潜力，以更好地服务社会和国家。通过实践，大学生对所学知识进行更深入的理解和运用，并将其转化为实际能力，学生可以获取更多的社会经验和职业技能，提高综合素质和竞争力。

新时代大学生使命教育对于大学生的创新精神和实践能力的培养起到积极作用，为国家核心竞争力的提升做出贡献。在全社会的共同努力下，中国的高等教育将不断发展壮大，培养更多的优秀人才，为中国特色现代化建设和世界和平与发展做出更加重要的贡献。

（4）推动中国特色社会主义事业发展。

在未来的发展中，必须坚持中国特色社会主义道路，这是一切事业保持创新精神和强大发展动力的源泉，坚持以人民为中心，不断推进全方位、全领域的改革和发展，积极应对国内外各种风险挑战和困难，努力实现中华民族伟大复兴的中国梦。

新时代大学生使命教育有助于引导大学生认识到中国特色社会主义事业的伟大意义和历史使命，增强其对中国特色社会主义事业的信仰和追求，为实现中华民族伟大复兴做出应有的贡献。

（5）促进高等教育改革和创新。

高等教育改革和创新对于推动国家的经济、社会、文化发展，提高国民素质与竞争力具有非常重要的作用。通过改革教学内容和方法，创新教学手段和形式，使学生在学习过程中能够更好地掌握知识和技能，提高综合素质和竞争力。高等教育作为一个国家综合实力的重要组成部分，人才的培养和使用直接关系到国家的工业、科技、文化等领域的发展，因此，高等教育的改革和创新对于推动产业和社会的发展具有重要的意义。随着全球化的发展，各国之间的竞争愈发激烈，优质的高等教育可以为国家输送高端人才，提升国家在国际上的影响力和竞争力。通过改革高等教育的招生考试制度、提高高校的办学质量和水平，缩小城乡、地区、阶层之间的教育差距，实现更大程度的教育公平。

高等学校承担着人才培养、科学研究、社会服务、文化传承创新、国际交流合作等重要功能，在国家的经济、文化、影响力、技术、科学等多个方面具有关键推动力。高等教育是中国的战略重器，其强大的实力是中国实现中国式现代化所必需的关键因素之一，也是发挥举足轻重的战略作用的重要途径。

推进中国式现代化迫切需要中国高等教育改革创新发展，率先实现高等教育强国。在当前快速发展的全球化信息时代，高等教育的质量和水平直接关系到一个国家的综合竞争力和国际地位。因此，高等教育的发展必须紧跟时代步伐，不断加强改革创新，提高人才培养质量，积极推进科学研究和社会服务，促进文化传承与创新，加强国际交流与合作等方面的建设。只有全面提升高等教育的综合实力，才能更好地为国家的发展和人民的幸福做出更大的贡献。

在这个过程中，大学生将深入思考自己的职业选择和发展方向，并明确自己对国家和社会所承担的责任。这样的使命意识和责任感将激励大学生积极投身社会实践和服务，为社会做出贡献。通过实践活动和创新项目，大学生可以锻炼解决问题的能力和团队合作精神。这样的培养将为大学生未来的就业和创业奠定坚实的基础，也有助于提升高校的创新能力和社会竞争力。通过开展公益活动和社会服务，大学生可以更加深入地了解社会问题和需求，并积极参与解决。这样的教育将提高大学生的社会责任感和参与意识，为社会发展和进步做出贡献。

总之，新时代大学生使命教育不仅关系到大学生个人的成长和发展，也关系到国家和社会的未来发展。通过培养大学生的使命意识、责任感、创新能力和社会责任感，新时代大学生使命教育有助于促进高校教育的转型和发展，并为建设世界一流大学打下坚实基础。

第六章

新时代大学生使命教育理念与模式探究

第一节　新时代大学生使命教育模式探究

新时代大学生使命教育模式是一种旨在引导大学生树立正确人生观、价值观和世界观，增强社会责任感和家国情怀的教育模式。

（一）课堂教育

通过开设相关课程，如思想政治理论课、爱国主义教育等，对大学生进行系统的思想教育，引导他们学习国家发展历程，了解国家和民族的重要事件和人物，营造浓厚的和谐社会氛围。

1. 思想政治理论课

在思想政治理论课上，引导大学生深入学习习近平新时代中国特色社会主义理论，了解国家发展历程和重要事件，增强对中华优秀传统文化的自信心和认同感。

2. 爱国主义教育

通过开设爱国主义教育课程，让大学生了解祖国的辉煌历史和伟大成就，深入了解民族精神和民族文化，培养家国情怀和社会责任感。

（1）建立爱国主义教育基地：政府可以建立爱国主义教育基地，如革命历史纪念馆、爱国主义教育基地等，让大学生深入了解祖国的辉煌历史和伟大成就。

（2）加强思想政治教育：在日常教学中，加强思想政治教育，引导大学生树立正确的世界观、人生观和价值观，增强他们的家国情怀和社会责任感。

（3）丰富校园文化活动：通过丰富多彩的校园文化活动，如文艺比赛、主题演讲、公益志愿服务等，让大学生更好地体验到民族文化的魅力和传统文化的底蕴，激发他们的爱国情感和社会责任感。

（4）引导社会实践：通过引导大学生参与各类社会实践活动，如支教、扶贫助困、环保志愿活动等，让他们亲身感受到社会发展中的问题和困难，增强他们的家国情怀和社会责任感。

（5）推广优秀文化作品：政府可以推广优秀文化作品，如电影、音乐、文学等，让大学生在欣赏文化作品的同时更好地了解祖国的历史和文化传承，增强他们的爱国情感和文化自信心。

3. 优秀传统文化教育

通过传承和弘扬优秀传统文化，增强文化自信和认同感。

（1）课程设置：学校可以在课程设置中加入一些优秀传统文化的课程，如中国古代文学、中国哲学、中国传统艺术等，让学生在学业中接触和了解传统文化。

（2）文化活动：学校可以举办各种传统文化活动，如书法比赛、讲座、古典音乐会等，让学生亲身参与其中，感受传统文化之美。

（3）历史教育：历史教育是传承优秀传统文化的重要途径。可以通过历史教育，让学生了解中华民族的传统文化和历史，培养他们对于传统文化的认同感和自豪感。

（4）师资建设：学校可以加强师资建设，引进和培养优秀的传统文化师资，为学生提供更好的传统文化教育。

（5）社会宣传：社会宣传是传承优秀传统文化的重要途径。可以通过各种渠道，如社交网络等，向公众宣传和推广传统文化，让更多人了解和认同中华民族的传统优秀文化。

（二）社会实践

参与各类社会实践活动，可以让大学生深入社会，了解社会现实问题，培养关心社会、关爱他人的情怀和能力，同时提高他们的组织协调能力和实践能力。

1. 社会实践项目选择

在社会实践项目选择方面，应该根据大学生的专业和兴趣爱好，制订详细的项目计划和实施方案，选择适当的社会实践场景，加强安全管理，让大学生能够更好地将所学知识与实践相结合，深入社区、农村和偏远地区，了解社会现实问题，增强社会责任感。这种方式可以培养出具有社会责任感和创新精神的新时代青年，为建设文明和谐的社会做出更大贡献。

大学生社会实践是高校学生在课程之外，通过参与社会实践活动获得社会经验和知识的一种教育方式。其目的是增强学生的社会责任感、创新能力、实践能力和团队合作精神，培养具有国际视野和社会责任感的新时代青年。

（1）社区服务：在社区中开展志愿服务活动，如义务劳动、环境整治、文明宣传等，促进学生与社区居民之间的交流和互动。

（2）研究调查：通过研究和调查社会问题，如环境污染、教育资源、社会福利等，让学生更好地了解社会现状和问题，并提出相应的建议和解决方案。

（3）实习实践：通过企业实习、科研实践、社区服务等方式，让学生在实践中掌握专业知识和技能，提高职业素养和竞争力。

（4）文化交流：通过参加国内外文化交流活动，如文化考察、海外游学等，让学生了解不同的文化背景和发展状况，增强国际视野和文化素养。

（5）创新创业：通过参加创业实践、科技竞赛等活动，让学生锻炼创新能力和团队合作精神，培养创业意识和创业能力。

（6）环保实践：参加环保实践可以让大学生更好地了解环境问题和环保知识，增强保护环境的责任感和使命感，同时也为环保事业做出自己的贡献。

（7）公益活动：参加公益活动可以让大学生更好地了解社会现实和公益事业，提高公益意识和公益能力，同时也为社会公益事业做出自己的贡献。

（8）文化交流：参加文化交流可以让大学生更好地了解不同地域和文化背景的人群，增强文化认知和文化理解能力，同时也促进文化交流和文化融合。

（9）实践创新：参加各类实践创新项目可以让大学生更好地掌握专业知识和实践技能，增强创新意识和实践能力，同时也为科技创新做出自己的贡献。

需要注意的是，大学生社会实践必须遵守相关法律法规和道德规范，保证活动的合法性和安全性。同时，学校也应该为学生提供必要的指导和支持，如社会实践指导、保险服务、经费支持等，以确保学生的实践活动能够顺利开展。

2. 组织管理能力

鼓励大学生主动承担组织和管理工作，可以提高他们的组织协调能力和领导能力。除了建立志愿者服务团队外，还可以通过参与校园活动、组织社团活动、参与实习项目、担任班级干部等方式参与社会实践。只有不断锻炼自己的组织管理能力，才能更好地履行社会责任，为社会进步做出更大贡献。

（1）参加学生会或社团：加入学生会或社团，担任部门干部，参与组织和管理活动，锻炼组织协调能力和领导能力。

（2）参与实践项目：参与各种实践项目，如社会实践、创业实践等，积累组织协调和管理经验，并了解实践中的各种问题及其解决方法。

（3）担任班级干部：在班级中担任各类职务，如班长、学习委员等，学习组织协调和领导管理知识，同时培养自信心和责任感。

（4）学习相关课程：选修相关的组织管理课程，如组织行为学、管理学等，掌握组织管理的理论知识和技能，提高组织管理水平。

（5）培训和交流：参加各种组织管理培训和交流活动，与其他同学和专家交流学习经验，增强自己的组织管理能力。

3. 实践技能培养

实践技能培养是提高大学生综合素质和就业竞争力的重要途径。需要探索多样化的实践形式，加强实践教育管理，建立实践教育评价机制，整合社会资源，提高实践教育的质量。通过社会实践活动，让大学生接触到实际工作和生活中的问题，提升其实践能力和技能水平，更好地为未来的工作和生活做好准备。大学生实践技能培养是指通过各种实践活动掌握和应用实际技能和知识，提高综合素质和就业竞争力。

（1）实践基地建设：学校可以积极开展实践基地建设，为学生提供更多的实践机会。例如，与企业、政府、社会组织等建立合作关系，为学生提供实习、实训、参观等机会。

（2）课程设置：学校可以在课程设置中增加一些实践性的课程，如实验课、专业实训课、创新实践课等，帮助学生更好地掌握实践技能和知识。

（3）导师指导：导师是学生实践技能培养的重要支持者。导师可以通过实践指导、课程辅导等方式，为学生提供更加专业化和个性化的指导和支持。

（4）经验分享：学校可以邀请一些经验丰富的人士或者老师，为学生讲述自己在实践中的经验和故事，鼓励学生借鉴他人的经验，提高实践技能和知识。

（5）竞赛活动：竞赛活动是为学生提供实践锻炼和机会的重要途径。学校可以组织各种专业类竞赛、创新创业大赛等活动，让学生在比赛中发挥自己的才能和实践能力。

4. 提供反思机会

在社会实践活动结束后，鼓励大学生进行反思和总结，让他们对自己的行为和做法进行评估，增强自我认知和自我管理能力。高校应该及时关注学生的情况，在实践活动结束后，为学生提供必要的指导和建议，促使学生更好地反思自己的行为和做法，也可以邀请一些经验丰富的人士或者老师，为学生讲述自己在社会实践中的经验和故事，鼓励学生借鉴他人的经验，进一步提高自身素质和能力。大学生活动事后反思总结是对活动的一种评估和总结，可以帮助学生更好地认识自己，提高参与活动的效果。

（1）活动目标的达成情况：在反思总结时，可以回顾活动的目标，评估活动是否达到预期的效果。同时，还需要分析导致目标未能实现的原因，并提出改进措施。

（2）参与者的反馈：在活动结束后，可以向参与者收集反馈意见，了解他们对活动的评价和建议。这些反馈可以作为改进活动的重要依据，同时也可以帮助参与者更好地认识自己。

（3）活动过程的评估：在反思总结时，需要对活动的过程进行评估。例如，需要回顾活动策划、组织、实施和总结等各个环节，分析每个环节的优缺点，并提出相应的改进措施。

（4）团队合作的效果：如果活动是由一个团队组织的，那么需要对团队合作的效果进行评估。例如，需要评估团队内部的沟通协调效果、分工合作效率，以及团队成员的角色扮演和贡献等。

5. 推广优秀经验

在推广优秀经验方面，应该对社会实践活动中的优秀经验和做法进行精心总结，并通过各种途径向其他学校或社会团体进行推广，同时给予奖励和激励，提高社会实践活动的影响力。通过这种方式，可以让更多的大学生参与到社会实践中来，共同探索社会问题并寻找解决之道，同时培养出具有创新、实践和责任感的新时代青年，为建设文明和谐的社会做出更大贡献。大学生在校期间积累了很多宝贵的学习和生活经验，可以通过推广优秀经验来帮助更多的人。

（1）利用社交媒体：利用社交媒体平台，发布自己的经验和心得体会，吸引更多的人关注和学习。

（2）发表文章：撰写相关的文章，如学术论文、科普文章等，发表在校内外的杂志、报刊或网站上，让更多的人了解和学习。

（3）参加分享会：参加各类分享会，分享自己的经验和故事，与其他人进行交流和互动，提高自己的演讲和表达能力。

（4）举办培训课程：作为参与者组织相关的培训课程，传授自己的经验和技能，帮助他人提高自身素养和能力。

（5）参加比赛活动：参加各类比赛活动，展示自己的优秀经验和成果，与其他人进行竞争和交流，不断提高自己的能力和水平。

参与各类社会实践活动，可以让大学生深入社会，了解社会现实问题，培养关心社会、关爱他人的情怀和能力，并提高组织协调能力和实践能力。通过社会实践项目选择、组织管理能力、实践技能培养、提供反思机会和推广优秀经验等方面的措施，可以让社会实践活动更具有针对性和实效性，为大学生的成长和社会进步做出贡献。

（三）导师制度

建立导师制度，为大学生提供有针对性的教育指导和职业规划，引导其走向正确的人生道路，并且建立良好的学生和导师之间的沟通交流机制。

1. 导师选拔与培训

高校的导师队伍是学生成长和发展的重要支撑，导师的素质将直接影响到学生的发展和成长。因此，高校需要对导师进行严格的选拔和培训，确保他们具备专业知识和教育能力，有能力为学生提供有针对性的教育指导和职业规划。学校应该确定一批合适的导师，包括具有丰富实践经验、专业技能和社会资源的教师、企业家、行业专家等人士，作为学生的导师。学校应该根据学生的专业、兴趣爱好和职业规划等因素，为每位学生分配一名合适的导师，确保导师与学生之间的匹配度和互动性。导师应该为学生提供针对性的教育指导，包括学习方法、科研技巧、职业素养等方面，帮助学生更好地掌握专业知识和技能，并提高学生的职业竞争力。

（1）选拔优秀人才：高校应该通过多种途径，如公开招聘、内部推荐等，选拔具有较高综合素质和丰富教育经验的优秀人才作为导师，以提高导师队伍的整体水平。

（2）提供学习机会：高校应该为导师提供多种形式的学习机会，包括教育教学法、心理咨询、职业规划等方面的培训，以提高导师的教育能力和职业素养。

（3）加强评价管理：高校应该建立完善的导师评价制度，定期对导师进行评价，并对评价结果进行监督和反馈，以保证导师工作的规范化和科学化。

（4）建立激励机制：高校应该建立导师的激励机制，包括薪酬、职称晋升等方面的激励，以吸引和留住优秀人才。

2. 学生与导师匹配

学生与导师的匹配是高校教育中非常重要的一环。高校应该在学生入学时，为每位学生配备一名导师，并根据学生的专业方向、兴趣爱好等因素进行合理的匹配，以便更好地为学生提供个性化的教育指导和职业规划。导师应该为学生提供职业规划方案，根据学生的兴趣、能力和市场需求等因素，制订合理的职业规划，并帮助学生实现职业目标。导师应该通过各种方式和途径，为学生提供必要的支持和鼓励，促进学生自我成长和发展，使学生更好地适应社会需求和挑战。

（1）建立匹配机制：高校应该建立学生与导师的匹配机制，明确导师的职责和权利，建立导师制度的评价和考核机制，确保匹配工作的有效和公正性。

（2）量身定制教育计划：导师应该为学生量身定制教育计划，根据学生的专业方向、兴趣爱好、学术水平等因素，为学生提供个性化的指导，帮助他们制订并实现学习和职业发展目标。

（3）提供学术支持：导师应该为学生提供学术支持，如指导学生阅读学术文献、参加学术会议、申请科研项目等，帮助学生提高学术水平和开展科学研究。

（4）职业规划指导：导师应该为学生提供职业规划指导，了解学生的兴趣爱好和职业发展方向，为学生提供就业信息、实习机会等资源，帮助学生更好地规划职业发展。

（5）沟通交流与建立信任关系：导师应该与学生保持良好的沟通交流，及时了解学生的学习和生活情况，建立起导师与学生之间的信任关系，为学生提供正确的指导和帮助。

3. 建立沟通交流机制

建立沟通交流机制是改善高校导师制度的重要措施，可以加强学生和导师之间的沟通交流，提高导师指导质量和学生学习效果。

（1）学生与教师之间：建立学生与教师之间的沟通交流机制，包括开设课程论坛、办公时间、在线答疑等方式，让学生与教师之间进行及时有效的交流和互动。

（2）学生与学生之间：建立学生与学生之间的沟通交流机制，包括班级活动、社团组织、学生会等方式，让学生之间进行交流和合作，增强集体意识和协作能力。

（3）教师与教师之间：建立教师与教师之间的沟通交流机制，包括教研活动、学术讲座、教学研讨会等方式，让教师之间进行交流和分享，提高教学水平和科研能力。

（4）校内与校外之间：建立校内与校外之间的沟通交流机制，包括校企合作、实习就业、社会实践等方式，让校内和校外之间进行交流和合作，促进校企合作和人才培养。

建立沟通交流机制需要各方面的积极参与和支持，并需要定期评估和完善。同时，也需要加强信息化建设，利用先进的技术手段和平台，提高沟通效率和质量。

（1）建立定期会议制度：高校可以定期召开导师会议，让导师之间互相交流经验和问题，共同探讨导师工作中的难点和疑惑。同时，也可以在会议上就学生管理、教学方法等问题进行研讨和交流。

（2）打造线上沟通平台：高校可以建立线上沟通平台，为学生和导师提供便捷的沟通渠道。例如，可以建立在线交流平台，使学生和导师能够及时交流和解决问题。

（3）加强导师培养和评价：高校应该加强对导师的培养和评价，提高导师的专业素养和教学水平。可以通过举办培训班、组织评价活动等方式，持续推进导师队伍建设。

（4）引入外部专家：高校可以邀请外部专家参与到导师制度改革中来，为学生和导师提供更全面的指导和帮助。例如，可以邀请企业高管、行业专家等人士担任兼职导师，提升导师队伍的专业水平。

4. 提供多种形式的指导

导师应该为学生提供多种形式的教育指导和职业规划，如个人辅导、小组讨论、实践活动等方式，以满足不同学生的需求。

（1）小组讨论：小组讨论是为学生提供集体交流和合作学习的重要途径。导师可以组织小组讨论，让学生在小组中分享自己的经验和感受，促进彼此之间的互动和交流。

（2）实践活动：实践活动是为学生提供实际经验和机会的重要途径。导师可以引导学生参加各种实践活动，如社会实践、科研实践等，让学生在实践中掌握实际技能和知识。

（3）职业规划：职业规划是为学生提供职业发展指导和支持的重要途径。导师可以通过职业规划，为学生提供职业咨询、就业信息、职业技能培训等服务，帮助学生更好地规划自己的职业发展。

（4）网络平台：网络平台是为学生提供在线学习和交流的重要途径。导师可以通过开设网络课程、在线辅导等方式，为学生提供更加便捷和灵活的学习指导。

建立导师制度是高校教育改革的重要举措，可以为大学生提供有针对性的教育指导和职业规划，引导其走向正确的人生道路。同时，建立良好的学生和导师之间的沟通交流机制也是导师制度的重要组成部分，需要高校和导师共同努力，为学生提供更好的服务。

（四）组织活动

通过各种形式的组织活动，如学生会、社团活动等，让大学生参与到组织中来，进行自我管理和实践锻炼，增强责任感和集体荣誉感。

1. 培养领导能力

学生会、社团等组织需要管理和组织，因此可以培养大学生的领导能力。学生在组织中扮演不同的角色，可以锻炼他们的领导能力和组织能力，为其未来的职业生涯打下坚实基础。同时，这也有助于培养出具有创新精神、协作能力和责任感的新时代青年，为社会和国家的发展做出更大贡献。

（1）参加各类组织活动：大学生可以参加社会团体、学生会、班委等组织，通过组织活动锻炼自己的领导能力和组织能力，并学习管理技能。

（2）参加实践项目：大学生可以参加各类实践项目，如社会实践、科研实践、创新创业等，通过实践项目锻炼自己的决策能力、执行能力和协调能力。

（3）参加领导力培训课程：大学生可以参加各种领导力培训课程，如领导力训练营、管理技能课程等，学习领导力的理论知识和实践技能，提高自己的领导水平。

（4）参加竞赛活动：大学生可以参加各种竞赛活动，如演讲比赛、辩论比赛、模拟经营比赛等，通过竞赛锻炼自己的思维能力、沟通能力和竞争意识。

（5）参加志愿服务活动：大学生可以参加各种志愿服务活动，如义工服务、社区服务、环保活动等，通过服务锻炼自己的责任感和服务精神，提高自己的领导素质。

培养大学生领导能力需要持之以恒地进行，不能一蹴而就。同时，学校也应该为学生提供必要的支持和指导，如组织各类培训课程、提供实践机会和经费支持等，以帮助学生更好地发展自己的领导能力。

总之，培养大学生领导能力是高校教育的重要目标之一，可以通过参加各类组织活动、实践项目、领导力培训课程、竞赛活动和志愿服务活动等方式进行。同时，学校也应该为学生提供必要的支持和指导，以帮助其更好地发展自己的领导能力。

2. 提高自我管理能力

参与组织活动需要对自己进行管理，如时间管理、资源管理等。这些都是大学生必须掌握的技能，通过参与组织活动可以提高自我管理能力。除了制订计划和建立优先级外，还需要学会沟通和团队协作，并在活动结束后进行总结和反思。只有不断提高自我管理能力，才能更好地完成组织活动任务，实现个人和团队的目标。大学生在校期间需要学会自我管理，这将对未来的个人发展产生重要影响。

（1）制订计划：制订详细的计划，包括课程安排、学习时间、社交活动等，规划好每项工作的完成时间和目标。

（2）建立优先级：根据任务的紧急程度和重要性，建立优先级，合理安排工作和时间，确保高效完成任务。

（3）学会沟通：与同学、老师、家人等进行良好的沟通和协调，及时了解他们的需求和想法，以便更好地处理各种事务。

（4）学会自我激励：通过设立奖励机制、考核机制等方式，对自己进行激励和监督，提高自己的自我管理能力。

（5）学会总结反思：在完成任务后，及时进行总结和反思，分析问题所在，并提出改进措施，为下一次的工作做好充分准备。

3. 培养团队合作能力

组织活动需要团队合作，通过参与组织活动可以培养大学生的团队合作能力，包括协调沟通、分工合作等。培养团队合作能力是提高大学生综合素质的重要途径。需要通过活动组织实践、团队建设培训、多元化的团队合作形式和团队合作评价机制等方式来加强团队合作能力的培养。这样可以帮助学生更好地理解和掌握团队合作的核心要点，提高其团队合作水平，为未来的工作和生活做好准备。

（1）培养沟通技巧：团队成员之间的沟通非常重要，需要在团队中积极练习并提高沟通技巧。例如，学生可以参加辩论、演讲等活动来提高自己的口头表达和交流能力。学会倾听和反馈，要注重对他人的理解和尊重，通过倾听和反馈的方式，了解别人的需求和期望，并及时做出回应和调整。要注重情感管理和问题解决，尽可能避免语言暴力和攻击，寻找共同点和解决方案，并学会调整自己的态度和行为。要注重肢体语言、眼神交流、微笑等非语言沟通方式的运用，增强交流的信任和互动性。

（2）加强分工合作：团队成员需要根据各自的特长和技能进行分工，有效地协同合作。因此，需要在团队中明确各自的任务和职责，并定期评估和调整工作进度和分工。在团队协作中，根据每个人的能力和特长，对任务进行合理分工，让每个人都能发挥自己的优势，实现高效协作。定期召开会议或交流活动，及时了解每个人的进展情况、意见和建议，协商解决问题，并共同制订下一步的计划和目标。营造良好的工作氛围，让每个人都感到舒适和愉悦，增强团队凝聚力和向心力。鼓励团队成员之间相互帮助，通过互相补充、互相协作等方式，实现任务的高效完成。团队中必须有一个领袖或管理者，管理者应该学习领导管理技能，掌握组织、协调、调节等方面的知识和技能，提高团队的执行力和影响力。

（3）鼓励分享与批判性思维：在团队中，需要鼓励成员彼此分享想法和意见，同时也需要有批判性思维，对团队所做出的决策进行评估和反思。这样可以帮助团队更好地理解问题，并制订最佳解决方案。鼓励学生分享自己的想法和意见，充分表达自己的观点。在学习和研究中，需要培养学生的批判性思维，让他们更加理性地看待问题。例如，在课堂上可以提出探究性问题，引导学生进行实证研究和逻辑分析，加强其批判性思维的训练。不同的人对同一个问题可能有不同的看法和见解，这也是学术研究的魅力所在。因此，需要尊重学生的不同观点，并为其提供公平的机会和资源。

（4）培养领导力：团队需要有一位领导者来统筹安排团队工作。因此，需要在团队中培养领导力，让成员有机会扮演不同的角色，并学习如何管理和领导一个团队。大学生可以积极参加各类学生组织，如学生会、社团、志愿者组织等，通过组织管理和活动策划等方式，锻炼自己的领导能力和组织能力。大学生可以学习领导理论和相关知识，如管理学、心理学、沟通学等，了解各种领导风格、技能和方法，为将来担任领导职务做好准备。社会实践是为大学生提供实践机会和锻炼领导力的重要途径。学校可以组织各种社会实践活动，让学生能够深入社会，感受社会的现实和需要，培养领导力和使命感。

（5）多样化的团队合作形式：团队合作形式可以多样化，如小组讨论、集体项目、竞赛等。这些形式可以帮助学生更好地理解和应用团队合作技能，提高其团队合作水平。实体会议，即传统的面对面开会，可以加强成员之间的沟通和交流，协调团队工作。利用互联网技术，通过视频会议、语音电话等方式进行远程会议，既节省时间又可提高效率。通过内部知识库、文档分享、培训等方式，让团队成员之间共享知识和经验，提高整个团队的能力水平。

4. 增强责任感和集体荣誉感

参与组织活动需要承担相应的责任，如组织活动、策划方案等。同时，组织活动的成功也需要大家共同努力，增强了集体荣誉感和责任感。这将有助于加强大家的团队协作精神，提高工作效率和质量，推动组织活动的顺利开展，促进大学生个人素质和团队协作精神的全面发展。

（1）建立奖惩制度：学校可以建立奖惩制度，鼓励那些尽职尽责、贡献突出的人员，并对那些失职失责的人员进行惩罚。这样可以让大家更加重视自己的责任和义务，增强责任感和荣誉感。

（2）比赛竞赛：比赛竞赛是为学生提供锻炼实践能力和提高集体荣誉感的重要途径。学校可以组织各种专业类竞赛、创新创业大赛等活动，让学生在比赛中发挥自己的才能和实践能力，同时也增强了集体荣誉感。

（3）团队合作：学校可以通过团队合作机制，让大家一起为活动的顺利开展而努力。在团队合作中，可以积极开展分工协作和相互协作，从而增强大家的责任感和荣誉感。

（4）社会实践：社会实践是为学生提供实践机会和锻炼责任感的重要途径。学校可以组织各种社会实践活动，让学生能够深入社会，感受社会的现实和需要，培养责任感和使命感。

（5）文化影响：学校可以倡导“以我为主，贡献社会”的文化理念，让大学生认识到自己在学校和社会中所扮演的角色和作用，从而增强大学生的责任感和荣誉感。

5. 开阔视野和丰富经验

参与组织活动可以接触到不同的人和事物，开阔自己的视野。同时，通过组织活动可以积累实践经验，丰富自己的人生阅历。通过接触不同领域、锻炼实践能力、积累社会经验和丰富人生阅历等方面的努力，可以让学生更好地适应社会和职场的挑战，为未来的发展打下坚实基础。同时，这也有助于培养出具有创新精神、实践能力和责任感的新时代青年，为社会和国家的发展做出更大贡献。

大学生拓展视野是指通过各种方法和途径，开阔自己的眼界，增加对世界的认识和理解。

（1）旅游：参加旅游活动可以让大学生了解不同的地域文化和风土人情，增加对世界的认知和理解，同时也可以锻炼自己的独立思考能力和生活能力。

（2）阅读：通过阅读各类书籍、报纸、杂志等，可以了解各行各业的发展现状和趋势，深入掌握具体的知识和技能，并开阔自己的思维方式和视野。

（3）参加各类讲座、研讨会等活动：通过参加各种学术讲座、社会研讨会等活动，可以了解最新的研究成果和社会动态，并与专家学者进行交流和互动。

（4）学习外语：学习外语有助于大学生了解不同国家和地区的文化背景和发展状况，增加国际视野和跨文化交流能力。

（5）参加社会实践：通过参加社会实践活动，可以了解社会现实和问题，培养自己的社会责任感和创新精神，并锻炼自己的实践能力。

（6）参加实习：参加企业实习可以让大学生了解专业知识在实践中的应用，掌握实际工作技能和经验，并与行业内的专业人士进行交流和互动。

（7）参加科研项目：参加科研项目可以让大学生深入了解学科领域的前

沿和发展趋势，提高科研能力和水平，并为今后的学术研究打下基础。

（8）参加志愿服务活动：参加各类志愿服务活动可以锻炼大学生的组织能力、协调能力和服务精神，并提高自己的社会影响力和声誉。

（9）参加竞赛活动：参加各类竞赛活动可以锻炼大学生的思维能力、创新能力和竞争意识，并提高自己的专业素质和综合实力。

需要注意的是，丰富经验需要持之以恒地进行，不能一蹴而就。同时，学校也应该为学生提供必要的支持和指导，如提供实习机会、组织社会实践、开设科研项目、提供志愿服务机会和组织竞赛活动等，以帮助学生更好地丰富自己的经验。大学生丰富经验是一项重要的任务，可以通过参加实习、社会实践、科研项目、志愿服务活动和竞赛活动等方式进行。同时，学校也应该为学生提供必要的支持和指导，以帮助其更好地丰富自己的经验。

通过各种形式的组织活动，可以让大学生参与到组织中来，进行自我管理和实践锻炼，增强责任感和集体荣誉感。这些都是大学生必须具备的素质，有利于提高个人综合素质，促进个人成长和发展。

新时代大学生使命教育模式是一种全面、系统、多元化的教育模式，旨在引导大学生树立正确人生观、价值观和世界观，增强社会责任感和家国情怀。学校可以通过课堂教育、社会实践、导师制度和组织活动等方面的措施，为大学生提供更加丰富、全面的教育资源和机会，培养他们成为具有高度社会责任感的新时代人才。

第二节　新时代大学生使命感形成的途径

（一）国家对于大学生使命感的重视

随着时代的发展和社会的进步，大学生不仅需要具备专业知识和技能，更需要有强烈的社会责任感和使命感。因此，国家高度重视大学生使命感的培养和提升，采取了一系列措施来引导和促进大学生的成长。国家在政策层面上明确提出了大学生要具备的社会责任感和使命感，《关于加强大学生思想政治教育工作的意见》指出：要引导广大大学生树立正确的世界观、人生观、价值观，增强爱国主义情感、民族自豪感、文化自信心和责任担当意识。政策文件的出台，为大学生使命感的培养提供了指导和支持。国家通过教育改革和创新来引导大学生形成使命感，在高等教育“双一流”建设中，鼓励高校探索创新性人才培养模式，强调要让学生在实践中体验社会责任和使命感。

国家对于大学生使命感的重视表现在政策引导、教育实践和思想政治教育等多个方面。这些措施为大学生的成长和发展提供了有力的支持和保障，有助于培养具有创新精神、实践能力和社会责任感的高素质人才，推动中国特色社会主义事业不断向前发展。

（二）高校课程设置与教学内容的调整

随着社会经济的发展和科技的进步，高等教育面临着新的挑战和机遇。高校作为培养人才的重要场所，必须适应时代的要求，提高人才培养质量。而高校课程设置和教学内容的调整是实现这一目标的重要手段。高校课程设置应该注重培养学生的核心素养。在当今社会，创新能力、实践能力、团队合作能力、终身学习能力等核心素养已经成为人才培养的重要方向。因此，高校应该加强相关课程的设置，如创新创业课程、实践教学环节、团队项目等，从而培养学生的核心素养。高校课程设置应该注重强化专业基础课程。专业基础课程是学生掌握专业知识和技能的基础，也是学生未来职业发展的重要保障。因此，高校应该提高专业基础课程的教学质量，更新教材和教学方法，提高学生的专业素养。高校课程设置应该注重开设跨学科课程。跨学科课程可以为学生提供多元化的学习体验和知识结构，促进不同学科之间的交流和合作，培养学生的综合素养。高校应该加强跨学科课程的设计和开设。高校课程设置应该注重引入前沿课程。

随着科技的发展和社会的变革，许多新兴领域已经成为人才培养的重要方向。因此，高校应该引进国内外优秀课程资源，邀请业界专家授课等方式，提高学生的创新能力和竞争力。除了高校课程设置的调整，教学内容的调整也是提高人才培养质量的重要手段。教学内容应该注重实践教学、案例教学、增强课程的针对性和提高教学质量等方面的调整，从而提高学生的实践能力、解决问题的能力和综合素养。

高校课程设置和教学内容的调整是适应时代要求、提高人才培养质量的重要手段。高校应该注重培养出具有创新能力、实践能力、团队合作能力和终身学习能力等核心素养的优秀人才。除了传授专业知识，大学教育还应该强调核心素养的培养，包括思辨能力、沟通能力、领导能力、创新能力等多个方面。在课程设置中加入相关的课程或者模块，通过案例教学、团队项目等方法培养学生的综合能力；专业基础课程是学生后续学习和工作发展的基础，因此需要在课程设置上给予充分的重视。可以增设一些针对性强、实用性强的专业课程，同时在教学过程中注重理论与实践相结合，让学生更好地掌握专业知识；在现代社会，各种学科之间的交叉融合已经成为一种趋势。因此，高校应该加强跨学科课程的开设，加深不同专业之间的交流与合作，培养具有多方面知识和能力的综合型人才；在快速变化的时代背景下，新的技术和理论层出不穷。因此，高校应该引入前沿课程，让学生更好地掌握新知识、新技术，提前适应未来社会的发展需求；在教学过程中，需要注重实际问题的解决和创新思维的培养，加强实践教学和案例分析，从而使学生的学习更富有针对性和实用性。同时，需要不断提升教学质量，采用多种方法和手段，提高教师的教育水平和教学效果。

高校课程设置和教学内容的调整是适应时代要求、提高人才培养质量的重要手段。只有同时注重核心素养的培养、强化专业基础课程、开设跨学科课程、引入前沿课程和注重教学质量，才能够更好地适应时代的要求，培养出优秀的综合型人才。

（三）家庭教育对于大学生使命感的培养

家庭教育是指父母或家长对子女进行的教育活动。在学生成长的过程中，家庭教育是最早、最基础、最重要的教育形式之一。家庭教育对于大学生使命感的培养具有重要的影响。家庭教育是大学生价值观和人生观形成的重要渠道和重要来源，对于大学生的思想品德、道德情操等方面都有着深远的影响。

家庭教育可以通过言传身教、家风家训、家庭氛围等多种方式，引导大学生树立正确的人生观、价值观和世界观，从而培养其具有强烈的社会责任感和使命感。家庭教育是大学生品德修养的重要保障，家庭教育对于大学生的品德修养具有重要的作用。在家庭中，父母可以通过言传身教、榜样示范等方式，引导大学生形成积极向上的品德修养，如诚实守信、勤俭节约、助人为乐等，从而增强大学生的社会责任感和使命感。家庭教育是大学生自我认知和自我价值观建构的重要途径，在家庭中，父母可以通过与子女的交流、沟通和反思，帮助大学生深入了解自己的优点和缺点，形成自信、自尊、自爱的自我价值观，从而提高大学生的社会责任感和使命感。培养孩子的社会责任感和使命感，在家庭教育中，父母应该注重培养孩子的社会责任感和使命感。可以通过让孩子参与家庭事务、关心他人、积极参与公益活动等方式，引导孩子形成强烈的社会责任感和使命感。

良好的家风家训是家庭教育的重要内容之一。父母应该树立正确的家庭观念，建立健康、和谐、温馨的家庭氛围，制订符合家庭实际情况的家规家训，引导孩子树立正确的人生观、价值观和世界观，从而培养其具有强烈的社会责任感和使命感。父母是孩子最重要的榜样。在家庭教育中，父母应该注重自身修养和行为规范，做好良好的榜样示范，引导孩子学习正面的行为和品德，从而提高孩子的社会责任感和使命感。家庭教育需要加强与孩子的沟通和交流。父母应该关心孩子的成长和发展，倾听孩子的想法和意见，理解孩子的需求和困惑，帮助孩子解决问题和困难，从而促进孩子的全面发展和成长。每个孩子都有自己的个性和特点，在家庭教育中需要注重个性化教育。父母应该根据孩子的不同特点和需求，采取不同的教育方式和方法，引导孩子树立正确的人生观、价值观和世界观，从而培养其具有强烈的社会责任感和使命感。

家庭教育对于大学生使命感的培养具有重要的作用。在家庭教育中，父母应该注重培养孩子的社会责任感和使命感，建立良好的家风家训，做好父母的榜样示范，加强与孩子的沟通和交流，注重个性化教育等。只有这样，才能够培养出具有强烈社会责任感和使命感的新时代大学生。

（四）社会影响对于大学生使命感的塑造

随着时代的发展和变革，大学生的使命感也在不断地演进。社会对于大学生使命感的塑造起着至关重要的作用。作为祖国未来的建设者和接班人，大学生肩负着重要的历史使命和社会责任。社会对于大学生的期望是非常高的，因为，他们将成为推进国家和社会发展的中坚力量，是国家和社会的希望。

随着社会经济的快速发展，国家对于大学生提出了更高的要求。大学生需要具备深厚的专业知识和创新能力，同时还需要具有高度的社会责任感和担当精神，积极参与到国家和社会的发展中去。这些要求不仅考验着大学生的综合素质和能力，也考验着大学生的使命感和价值追求。

此外，随着社会文化的多元化和开放程度的加深，大学生的使命感也在不断地发生着变化。大学生需要具备全球化视野、跨文化交流能力和多元化思维方式，从而更好地适应复杂多变的社会环境和全球竞争的挑战，这也为塑造大学生的使命感和价值观提出了更高的要求。

随着时代和社会的发展变化，大学生的使命感也在不断地演进。社会对于大学生的期望是非常高的，他们需要具备多方面的综合素质和能力，同时还需要具有高度的社会责任感和担当精神，积极参与到国家和社会的发展中去。

随着社会的发展，各个领域都需要人才的支持和推动。大学生作为未来的中坚力量，承担着社会发展的重任。社会期望大学生能够拥有高尚的品德、扎实的学识、创新的思维、勇于担当的精神等。这些对于大学生使命感的塑造起着非常重要的作用。

在这一过程中，社会价值观对于大学生的使命感具有极其重要的影响。社会价值观是指社会成员普遍认同和崇尚的思想观念和道德准则。它不仅影响着人们的思想和行为，也深刻地影响着大学生的成长和发展。如果社会的价值观偏离了正确的方向，大学生的使命感也会受到影响，从而影响他们未来的职业选择、社会责任感和集体荣誉感等方面。社会的价值观应该以真善美为核心，弘扬民主、平等、公正、法治等基本价值观念，加强文化建设和道德教育，引导青年学生树立正确的世界观、人生观和价值观。因此，社会的价值观需要与时俱进，不断地更新和完善，以适应社会的发展和变化。

教育管理制度也是对于大学生使命感的塑造起着非常重要的作用，教育管理制度可以影响大学生的思想和行为，从而影响他们的使命感。如果教育管理制度存在缺陷，那么大学生的使命感也会受到影响。教育管理制度需要不断地改革和完善，以提高大学生的综合素质和使命感。社会影响对于大学生使命感的塑造起着至关重要的作用，社会的期望、发展需求、价值观和教育管理制度都是对于大学生使命感的塑造起着重要作用的因素。大学生应该积极地适应社会的变化和发展，不断地提高自己的综合素质和使命感，为国家和社会的发展做出更大的贡献。

（五）个人修养与自我提升

在当今社会，随着竞争的加剧和知识经济的发展，个人修养和自我提升变得越来越重要。个人修养和自我提升是每个人都需要关注的两个方面。个人修养体现了一个人的道德品质、文化素养、审美情趣等方面的修养，而自我提升则是指通过不断学习、实践和反思，提高自己的能力和素质，达到更高的人生境界。这些方面对于一个人的成长和发展具有非常重要的作用，可以使个人具备独立思考和判断的能力、更好地适应社会的变化和挑战、提高职业竞争力、认识自己、提高自信心和自尊心，从而更好地发挥个人潜力，实现自己的人生价值。同时，个人修养和自我提升也是社会进步和发展的重要基础，它们可以为社会创造更多的财富和价值、注入更多的正能量和文明风尚，推动社会和谐稳定地发展。

在现代社会中，个人修养对于个人的成长和发展具有至关重要的作用。下文将从道德品质、文化素养和审美情趣三个方面进行阐述。一个人的道德品质决定了他的人格魅力和社会形象。在日常生活中，大学生应该注重培养自己的道德品质，如诚实守信、勤奋努力、谦虚谨慎、宽容待人等，从而成为一个有道德修养的人。一个人的文化素养决定了他的知识水平和思想深度。在现代社会中，大学生应该注重培养自己的文化素养，如阅读经典名著、学习多种语言、了解不同文化等，从而提高自己的知识水平和思想深度。审美情趣是个人修养的重要组成部分。一个人的审美情趣决定了他的艺术鉴赏能力和生活品质。在日常生活中，大学生应该注重培养自己的审美情趣，如欣赏音乐、欣赏绘画、欣赏电影等，从而提高自己的艺术鉴赏能力和生活品质。

自我提升是指通过不断学习、实践和反思，提高自己的能力和素质，达到更高的人生境界。在现代社会中，自我提升对于个人的职业发展和人生规划具有至关重要的作用。下文将从学习、实践和反思三个方面进行阐述。在现代社会中，知识更新速度非常快，大学生应该不断学习新知识、新技能和新思想，以适应社会发展的需要。可以通过参加培训班、读书、上网查阅等方式进行学习。实践是自我提升的重要途径之一，在学习的基础上，大学生应该注重实践和实践经验的积累。可以通过参加社会实践、参与志愿服务、参加创业活动等方式进行实践。

（六）自我认知与自我价值观建构

自我认知和自我价值观建构是人们在成长过程中不可避免的一部分，它们互相影响、相互作用。自我认知和自我价值观建构之间的关系密切，两者共同构成了个体对自己的全面认识和评价。自我认知是自我价值观建构的前提和基础。只有清楚地认识自己，才能准确地评价自己的价值。自我认知包括对自己的性格、能力、兴趣爱好、价值观等方面的了解和认识。这些信息可以帮助个体更好地了解自己的优点和缺点，找到自己的定位和方向。自我价值观建构也会影响到自我认知。个体的价值观会影响他们对自己的认知和评价。例如，一个人如果认为自己应该具备某种特定的品质或能力，那么他在自我认知时就会更加重视这方面的自我表现，并且更容易发现自己在这方面的优点和不足。有效的自我认知和自我价值观建构对于个体的成长和发展至关重要。

每个人都有自己的缺点和不足，接受自己的缺点和不足，接受这些缺点并尝试改善是进行有效自我认知的重要一步。倾听他人的反馈，倾听他人对自己的评价和建议，可以帮助个体更全面地了解自己，发现自己的盲点和问题。反思自己的行为和思维方式，找出其中的问题和不足，并尝试改进。通过多样化的体验和学习，可以拓宽自己的视野和认识，从而更好地了解自己。明确自己最重要的核心价值观，建立起自己的价值观体系。将自己的价值观与外部的价值观进行比较，找到差异和共同点，并根据实际情况进行调整。将自己的价值观付诸实践，通过行动来证明自己的价值观，不断完善和调整。

价值观是不断变化和完善的，个体应该不断地进行调整和完善，以适应社会和自身的发展。

（七）大学生思想政治教育的实践

大学生思想政治教育是培养学生的思想道德素质，增强他们的国家意识和社会责任感的重要途径。以下将介绍四种实践策略，可用于推进大学生思想政治教育。

（1）创新教学方法。

提高学生的参与度和学习兴趣是大学教育中的一项重要任务。为了实现这个目标，教师需要采用多种教学手段，以满足不同学生的学习需求。如案例教学、讲座、研讨会等形式，增加学生的参与度和学习兴趣。

通过具体的案例来引导学生分析和解决实际问题，从而培养他们的思考和创新能力。邀请专家学者或行业精英来分享自己的经验和观点，拓宽学生的视野和思路。研讨会则更加注重学生的互动和合作，通过小组讨论等方式来促进学生之间的交流和合作，增强他们的团队意识和合作能力。

除以上教学形式外，还可以采用课外阅读、实践操作、在线授课等方式，不断丰富和拓展教学手段，激发学生的学习兴趣和积极性。

同时，教师在设计教学活动时，也需注重灵活性和创新性，根据学生反馈及时调整教学策略，保持教学内容的新鲜感和挑战性。只有如此，才能真正提高学生的参与度和学习兴趣，实现教育与教学的双赢。

（2）推进“以人为本”的思想政治教育。

在当前高校教育中，“以人为本”的思想政治教育已经成为一种共识。这就要求高校注重个性化的教育方式，全面了解每位学生的需求和特点，帮助他们更好地发展自己，并为国家和社会做出贡献。

首先，高校需要建立健全的学生档案管理制度，收集和记录每位学生的基本信息、学习情况、兴趣爱好等方面的数据。通过对这些数据的分析和比较，可以更好地了解学生的需求和特点，为接下来的教育活动提供有力支持。

其次，高校需要采用多元化的教育手段和方法，满足不同学生的学习需求。例如，在课堂教学中，可以采用问答交互、小组讨论、案例分析等形式，激发学生的思考和创新能力；在课外实践中，可以组织志愿服务、社会实践、科技创新等活动，丰富学生的社会经验和实践能力。

此外，高校也应该关注学生的心理健康和情感需求。针对一些具有特殊情况或问题的学生，需要及时开展心理疏导和关爱工作，帮助他们克服困难，走出困境。

高校还需要加强教师队伍建设，提高教师的思想政治素质和教育水平。只有拥有高素质的教师队伍，才能真正做到个性化教育，帮助学生实现自我发展和价值实现。推进“以人为本”的思想政治教育需要高校从多个方面入手，更好地提高教育质量。

引导学生参与实践活动是大学生思想政治教育的一个重要方向。开展各种形式的实践活动，可用于帮助学生将所学知识运用到实践中，提高他们的实际能力和实践经验，组织学生前往贫困地区、社区、企业等地进行社会实践活动，在实践中了解社会发展状况和社会问题，提高学生的社会责任感和爱国情怀；鼓励学生参加各种志愿服务活动，如帮助残疾人、支教、环保等，通过实际行动践行爱心和社会责任，培养学生的公益精神和奉献精神；开设创新创业课程，指导学生进行创业孵化和创新项目实践，提高学生的创新意识和实践能力，为未来的创业和就业打下基础；组织学生参加各类科技竞赛，如数学建模、电子设计、机器人比赛等，培养学生的科学素养和创新精神，提高学生的科技竞争力；加强实验教学环节，让学生亲身参与实验操作和数据分析，提高他们的实验技能和科研能力，增强其对所学知识的理解和掌握。有助于培养学生的创新意识、社会责任感和团队合作精神，并丰富学生的大学生活，为未来的职业发展打下坚实基础。

通过组织各类集体活动，培养学生的协作精神和团队合作意识，增强他们的集体荣誉感和责任感。开展各种形式的团队建设活动，如户外拓展、趣味运动会等，通过团队合作，提高学生的沟通能力、领导力和组织能力；组织学生参加各类文艺比赛，如歌唱比赛、舞蹈比赛等，鼓励学生团队合作，培养学生的才艺和集体荣誉感；让学生参与各种团队项目，如科研项目、社会实践、志愿服务等，鼓励学生协同工作、分工合作，增强学生的责任感和团队荣誉感；组织学生参加各种团队竞赛，如篮球比赛、足球比赛等，通过团队竞赛，增强学生的团队协作精神和责任意识。

（3）推动校外实践教育。

鼓励学生参与创新创业、社会实践、科研项目等校外实践活动，增强他们的工作能力和创新思维。

鼓励学生参加各种创新创业比赛，如商业计划书比赛、创意设计比赛等，提高学生的创新意识和实践能力，培养学生的创业精神；组织学生前往社区、贫困地区、企业等地进行社会调查和实践活动，了解社会问题和发展状况，提高学生的社会责任感和爱国情怀；鼓励学生参与各种科研项目，如科研论文写作、实验研究等，培养学生的科学素养和创新精神，提高学生的科技竞争力；鼓励学生参加各种实习实训活动，如暑期实习、企业实训等，让学生在实践中掌握专业知识和实践技能，为未来的就业打下基础；鼓励学生参加各种国际交流项目，如留学交换、海外实习等，提高学生的国际视野和跨文化交流能力，培养学生的全球化意识和竞争力。

推动校外实践教育，可以帮助学生增强工作能力和创新思维，提高学生的实践经验、社会责任感和创新意识。

（4）利用信息技术手段。

在当今信息化时代，利用信息技术手段来推进思想政治教育已经成为一种新趋势。通过线上课程、社交媒体、在线问答等方式，不仅可以扩大学生接收思政教育的范围和形式，还能提高思政教育的传播效率和影响力。

首先，利用在线课程平台来开设一些针对性强、内容丰富的思政课程。可以让学生自主选择学习时间和地点，满足他们的个性化需求。同时，线上课程也可以加入一些互动环节，如在线测试、互动讨论等形式，增加学生的参与度和学习兴趣。

其次，开设社交媒体账号，发布一些有关思政教育的资讯和活动信息，吸引学生关注。在社交媒体中，可以发布一些短文、图片、视频等形式的内容，以轻松幽默的方式呈现思政教育的内容，使学生更容易接受和理解。

最后，利用在线问答平台，建立在线答疑系统。学生可以随时在上面提出自己的问题，教师或专家可以及时进行回答和解答。这种方式不仅能够提高学生的思考和问题解决能力，还能让学生更好地理解和掌握思政教育的知识和方法。

利用信息技术手段来推进思想政治教育已经成为一种必然趋势。通过线上课程、社交媒体、在线问答等方式，可以扩大学生接收思政教育的范围和形式，提高思政教育的传播效率和影响力。同时，也需要注重教育内容的质量和针对性，确保思政教育有实际效果和意义。

大学生思想政治教育是一项长期而系统的工程，需要各方面共同努力。通过以上实践策略的落实，可以有效地推进大学生思想政治教育的发展，有助于培养更多有理想、有道德、有文化、有纪律的高素质人才。

第七章

大学生使命教育实施策略

大学生使命教育是指在高校教育中，通过培养学生的使命感和社会责任感，培养有想法、有责任、有情怀的优秀人才。为了实现大学生使命教育的目标，需要采取一系列有效的实施策略。

第一节　理论教育法

在现代社会中，高校的社会责任和使命感日益受到重视。开设相关课程可以帮助学生更好地了解社会热点和问题，并激发他们的社会责任感和使命感。

理论教育法是指通过课堂教学、阅读、讲座等方式，向学生传授各种知识和理论。在大学生使命教育中，理论教育法可以通过以下几个方面来实施。

1. 公共事务

开设公共事务相关的课程可以帮助学生更好地了解公共事务的意义和重要性，引导他们关注社会公共领域的问题和需求，增强自己的公共意识和责任感。公共事务涉及政策制定、决策分析、资源配置等多个方面，需要运用系统思维和科学方法进行分析和管理。通过开设相关课程，学生可以掌握公共事务分析和管理的基本方法，提高自己的理论素质和实践能力。公共事务通常需要团队协作和协调，需要不同领域和专业的人才共同合作完成任务。通过参与公共事务相关的课程和项目，学生可以锻炼自己的团队协作和沟通能力，提高综合素质和实践能力。公共事务直接关系到国家和社会的发展，需要解决各种社会问题和需求。通过参与公共事务相关的课程和项目，学生可以更好地了解社会发展和变化，为未来从事相关领域的工作做好准备。公共事务涉及政府、企业、非营利组织等多个领域，为学生提供了广阔的职业发展机会。

2. 志愿服务

志愿服务作为一种自愿参与社会公益活动的行为，不仅可以帮助解决社会问题，也能够提高个体的综合素质和社会责任感。在大学教育中，开设志愿服务课程可以引导学生积极参与志愿服务活动，从而加强对社会的认知和理解。同时，志愿服务还能够培养学生的团队协作能力、沟通能力和领导力等人际交往技能。

通过志愿服务活动，学生们可以更好地认识到社会存在的问题，并积极寻求解决方案，从而增强他们的社会责任感和使命感。在这个过程中，学生们也能够获得具有实践意义的经验和技能，如急救、心理疏导、环保、扶贫等。这些经验和技能的积累，不仅可以帮助学生更好地适应未来职场的挑战，也能够为社会发展做出更多的贡献。

在大学开设志愿服务课程是非常必要和重要的。通过这样的课程，学生们可以了解到更多的社会问题和公益机构，也能够更加深入地参与到志愿服务活动中去，从而真正地提高他们的社会责任感和使命感。

3. 社会调查

大学可以开设社会调查相关的课程，帮助学生了解社会调查的方法和技巧，培养其社会调查能力和素质。大学可以开设“社会调查方法”“问卷设计与分析”等课程，让学生了解社会调查的理论基础和实际操作技巧。通过实践活动，例如，组织学生参与社会调查项目，让学生在实践中掌握调查工具的使用和数据处理的方法。选择适合的教材和案例，让学生了解不同类型的社会调查以及调查结果如何被分析和运用。组织学生参加学术交流会议或者社区调查，提高学生的研究思维和创新能力。

以上措施可以帮助学生掌握社会调查的基本方法和技能，同时培养学生的社会研究能力和素质。在实践中，需要注意以下三方面。①课程内容应该紧密结合实际，让学生了解如何将理论知识运用到具体的社会调查项目中。②教师应该具有丰富的社会调查经验和专业知识，能够指导和支持学生的学习和实践。③通过实践环节，让学生参与到具体的社会调查项目中，提高其实践经验和能力。大学开设社会调查相关课程，可以帮助学生掌握社会调查的基本方法和技巧，培养其社会研究能力和素质。在实施过程中，需要注意课程内容的实用性、教师的专业水平以及学生的实践机会等方面的问题。

4. 社会实践

社会实践是指学生在课程学习之外，参与社会实际活动的过程。它可以帮助学生了解社会实践的意义和重要性，引导学生积极参与社会实践活动，并提高学生的社会责任感和使命感。同时，社会实践还有以下四方面的优势。①社会实践可以让学生将课堂理论知识与实际操作相结合，提高学生的综合素质和能力。在社会实践中，学生可以锻炼自己的沟通、协作、领导等技能，培养自己的创新思维和问题解决能力。②通过参与社会实践，学生可以更全面地了解社会现象、社会问题和社会规律，拓展自己的视野和认知范围。同时，也可以让学生更好地认识自己的价值观和世界观，在实践中不断完善和深化自己的观念和认识。③通过社会实践，学生可以更好地融入社会、了解社会和服务社会，增进学生与社会的联系。同时也可以建立和拓展自己的社会关系网络，为未来的职业发展打下基础。④通过参与社会实践，学生可以更好地了解社会问题和社会需求，从而提高自己的社会责任感和使命感。在实践中，学生可以通过自己的力量和行动，为社会做出贡献，实现自我价值。社会实践是大学教育中的重要组成部分，有助于培养学生的综合素质和能力，增强学生的社会责任感和使命感。因此，大学应该积极开展社会实践相关的课程和活动，引导学生积极参与到社会实践中去。

5. 社会创新

社会创新是为了解决社会问题而进行的创新活动，对于推动社会进步和发展具有重要意义。

开设社会创新相关的课程可以帮助学生更好地了解社会创新的概念、内涵和特点，引导他们认识到社会创新在社会发展中的作用和地位。社会创新需要运用创新思维和方法进行分析和解决问题。通过社会创新相关的课程，学生可以掌握创新方法和技能，提高自己的创新能力和素质。社会创新通常需要团队协作和协调，需要不同领域和专业的人才共同合作完成任务。通过参与社会创新相关的课程和项目，学生可以锻炼自己的团队协作和沟通能力，提高综合素质和实践能力。社会创新是为了解决社会问题而进行的创新活动。通过参与社会创新相关的课程和项目，学生可以更好地了解社会问题和需求，提出解决方案并尝试实践，为社会发展做出贡献。社会创新是一个新兴的领域，为学生提供了广阔的职业发展机会。通过参加社会创新相关的课程和项目，学生可以积累丰富的实践经验和专业知识，为将来从事相关领域的工作做好准备。

为了更好地实现大学生使命教育的目标，高校可以组织讲座和研讨会，邀请社会名人、专家学者等来校园讲授，或者组织学生参加各种研讨会和论坛，提高学生对社会问题的关注度和理解程度。这些活动不仅可以拓宽学生的视野，增强其知识储备，也可以培养学生的思辨能力和创新精神。组织讲座和研讨会是一种有效的教学方法，可以为学生提供更广泛的知识和经验，并且有助于促进学术交流和合作。

学校邀请各领域的专家和学者来开展讲座和研讨会，可以为学生提供更广泛的知识和经验。这些讲座和研讨会不仅可以拓展学生的知识面，还可以帮助学生了解最新的研究成果和技术。通过邀请专家和学者来进行讲座，学生们可以学习更多的知识，并从中受益。例如，医学领域的讲座可以让学生更好地了解人体结构和功能，心理学领域的讲座可以让学生更好地了解人类行为和思维，等等。

随着科技的不断发展，一些领域的研究成果和技术更新速度非常快，因此，及时了解最新的研究成果和技术是非常重要的。邀请专家和学者来进行研讨会，可以让学生了解最新的研究成果和技术。这些讲座不仅可以拓宽学生的视野，还可以帮助他们在未来的学习和工作中更好地应对问题。

6. 学术交流

学术交流是提高学生学术水平和素质的一种重要方式，讲座和研讨会作为学术交流和合作的平台，可以帮助学生与专家、学者之间进行深入交流和合作。邀请国内外知名专家学者到校开展讲座和研讨活动，分享其学术心得和研究成果，启发学生的学术思考和创新。组织学生进行学术报告，让学生有机会展示自己的研究成果和想法，同时获得其他同行的反馈和建议。鼓励学生参加学术研究小组，与同行共同研究、讨论和交流，提高学术研究的水平和质量。鼓励学生参与学术期刊编辑和投稿工作，提高学生的写作和研究能力，同时促进学术交流和合作。

增强学术交流和合作的能力，在实践中，需要注意以下三方面。学校应该制定合理的组织和管理机制，确保讲座和研讨会的顺利进行。选择符合学生背景和需求的讲座和研讨内容，使学生能够获得实际帮助和启发。建立有效的反馈机制，让学生及时获得其他同行的反馈和建议，提高学术交流和合作的效果。讲座和研讨会是促进学生学术交流和合作的一种重要方式。在实施过程中，需要注意组织和管理、内容选择以及反馈机制等方面的问题，以提高学生的学术水平和素质。

讲座和研讨会可以激发学生的创新意识和创造力，引导他们超越传统思维模式，探索新的解决方案和创新点。专家和学者在讲座中通常会介绍最新的研究方法和技术，帮助学生了解创新过程和方法，掌握创新技能，提高自己的创新能力和素质。通过参加讲座和研讨会，学生可以了解当前所面临的实际问题和挑战，并尝试运用创新思维和方法解决这些问题。创新思维需要跨界融合、多元思考、团队协作等能力的支持，通过参加讲座和研讨会，学生可以锻炼自己的综合素质，提高自己的团队协作和沟通能力，增强自身的创新精神。创新思维是推动社会进步和发展的重要手段之一。通过参加讲座和研讨会，学生可以更好地了解前沿技术和研究成果，为未来的学术和职业发展打下坚实的基础，并为推进社会进步做出贡献。除了提供理论知识外，邀请专家和学者来开展讲座和研讨会还可以为学生提供实践经验和应用技能。这些专家和学者通常会分享自己在实践中的经验和教训，帮助学生更好地理解知识和技能的应用场景，从而强化实践能力和素质。参加讲座和研讨会需要学生具备一定的阅读、写作和表达能力，同时还需要具备团队合作和组织管理等能力。通过参加这些活动，学生可以提高综合素质和能力，为将来的职业发展做好准备。

学校可以鼓励学生参加各种科研项目，培养学生的科研意识和创新能力，同时通过科研项目来引导学生关注社会问题和需求，促进学生的成长和发展。通过参加科研项目，学生可以接触到最新的科研成果和技术，了解科研工作的流程和方法，培养科研意识。同时，学生还可以与导师和同行进行交流和合作，提高科研能力和素质。

学校可以通过科研项目来培养学生的创新思维，鼓励学生在研究过程中寻找新的思路和方法，提高学生的创新能力和实践能力。学校应该积极鼓励学生参加科研项目，以培养学生的科研意识和创新能力。通过科研项目，学生可以了解最新的研究成果和发展趋势，同时也可以将科研成果应用到社会实践中去，为社会做出贡献。

科研项目需要学生不断探索、创新和实践，可以锻炼学生的创新能力。学生在科研项目中面临的各种问题和挑战，需要他们不断思考和尝试，从而提高解决问题的能力和创新能力。

科研项目需要学生不断探索、发现和解决各种科学问题，需要运用创新思维和方法，从而培养学生的科学精神和创新能力。科研项目通常涉及多个学科领域，需要学生具备跨学科交叉的能力。

通过参与科研项目，学生可以了解不同学科领域的知识和技能，增强自己的综合素质和创新能力。科研项目需要学生进行大量实践操作和数据分析，需要他们具备实践能力和数据处理能力。通过参加科研项目，学生可以锻炼自己的实践能力和数据分析能力，提高自己的实践经验和专业素养。

科研项目通常涉及未知领域、难题和挑战，需要学生具备勇于探索和创新的精神。通过参与科研项目，学生可以不断尝试和探索，开拓视野，提高解决问题的能力和创新能力。科研项目需要学生进行大量的实践操作和数据分析，需要他们具备实践能力和数据处理能力。通过参加科研项目，学生可以锻炼自己的实践能力和数据分析能力，提高自己的实践经验和专业素养。

科研项目是学术界和企业用人单位评价学生综合素质的重要标准之一。通过参加科研项目，学生可以积累丰富的实践经验和专业知识，提高自己在学术和职业领域的竞争力，并为未来从事相关领域的工作打下坚实的基础。

通过参与科研项目，学生们可以深入了解社会问题和需求。科研项目通常会涉及各个领域的社会问题和需求，如环境保护、医疗卫生、教育等。

通过参加这些项目，学生们可以了解到相关领域的最新进展和研究成果，并从中获得启发和灵感，更好地关注社会热点和问题。学生们可以通过自己的科研成果来为社会做出贡献。科研成果可以改善人类生活和社会发展，如新药研发、新材料应用、智能技术创新等。学生们可以通过自己的科研项目，探索并解决实际问题，提高自己的创新能力和实践能力，并将自己的成果分享给社会，帮助解决社会问题和满足社会需求。

参与科研项目是学生关注社会问题和需求的一种重要途径。通过这样的项目，学生们可以更好地了解社会发展和变化，并为社会做出贡献。这也是大学教育中非常重要的一部分。

参加科研项目是促进学生成长和发展的一种重要方式，可以让学生更好地了解自己的专业方向和兴趣爱好，发掘自己的潜力和优势。同时，在科研项目中学生还可以锻炼自己的团队合作和沟通能力，提高综合素质和竞争力。

第二节　实践锻炼法

大学生使命教育是高等教育的重要任务之一，旨在培养具有家国情怀和责任担当的高素质人才。为实施这一目标，本书提出了以下几个方面的策略。

（1）通过参与社区服务、公益活动等实践项目，学生可以更加深入地了解社会需求和问题。这些活动旨在解决社会问题和满足社会需求，需要学生具备敏锐的洞察力和解决问题的能力。

（2）探索科技创新是提高学生创新意识和创业精神的重要途径之一，可以激发学生对前沿科技和商业模式的兴趣和热情。开展创新创业比赛、科技展览等实践项目，可以激发学生的创新意识和创造力，引导他们超越传统思维模式，探索新的解决方案和商业模式。

（3）参加国际交流项目可以帮助学生了解其他国家的文化和社会制度，从而拓宽视野，丰富人生阅历。在这些项目中，学生可以与来自不同国家和地区的人们互动交流，感受外部世界的多样性和复杂性，也可以通过参观当地的博物馆、艺术展览等活动，了解其他文化的发展历程和特点，从而提高对世界的认知水平。

参加文化体验活动可以帮助学生适应不同的文化环境和社会规则，培养跨文化交流能力和领导力。在这些活动中，学生需要尝试去适应当地的风俗习惯、语言和文化背景，积极融入当地社会，寻找共同点和差异点，从而加深对不同文化的理解和尊重。此外，学生还可以通过组织和参与各种活动，锻炼自己的领导能力和组织能力，在实践中探索自己的优势和不足。

通过参与实践项目，学生可以体验到团队合作的重要性。团队合作是一个相互协作、相互支持并共同努力完成任务的过程，这种方式可以使团队成员在整个过程中相互激励、相互促进，从而提高工作效率和质量。

在实践项目中，学生需要与其他成员密切合作，分工明确，制订出有效的计划和方案，共同努力完成任务。通过参与实践活动，学生会发现如果没有良好的团队合作，很难达到预期的目标，也很容易出现各种问题，因此他们会更加重视团队合作的重要性。实践项目还可以帮助学生掌握团队合作的方法，实践项目还可以提高学生的综合素质。

实践项目是提高学生职业素养的重要途径，可以为学生将来的职业发展打下坚实的基础。学生在参加实践项目时需要认真对待，从中汲取知识和经验，不断提升自己的职业素养和综合素质。

随着高校教育的发展，越来越多的学校开始注重实践环节的设置和管理。通过实践活动和社会实践等方式，让学生在实践中体验和感悟家国情怀和社会责任，同时注意活动的安全和管理。

注重实践环节的设置可以让学生更好地将所学知识运用到实践中，增强实践能力和创新能力。通过各种实践活动，学生可以深入了解相关领域的背景、历史和现状，从而提高自己的认知水平和综合素质。此外，实践活动还可以帮助学生理解和掌握职业技能，并且在实践中发现问题、解决问题，锻炼自己的创新意识和创新能力。

注重实践环节的管理可以保证学生的安全和活动的顺利进行。在实践活动中，学生需要面对各种各样的风险和挑战，如交通事故、身体不适等。因此，学校应该制订详细的安全管理规定，加强对实践活动的安全监管，确保学生的人身安全。同时，学校还应该建立健全的活动管理机制，明确活动的目标和任务，合理分配资源，确保活动的顺利开展。

实践活动还可以帮助学生增强家国情怀和社会责任意识。在实践中，学生可以亲身感受到社会的变化和发展，深刻认识到自己作为一名公民所承担的责任和义务。通过参与志愿服务、社区实践等活动，学生可以更好地了解社会问题和需求，从而提高自己的社会责任感和公共意识。

注重实践环节的设置和管理，是中国高校教育中不可或缺的一部分。学校应该加强对实践活动的规划和组织，制订详细的安全管理规定，建立健全的活动管理机制，同时也应该注重学生的家国情怀和社会责任意识培养，让学生在实践中体验和感悟，成为具有创新精神和社会责任感的综合型人才。

评估和反馈机制是推动大学生使命教育深入开展的重要保障，能够为后续的教育改进提供有力支持。

评估反馈机制应该得到充分的重视。在实践活动结束后，需要对学生的表现进行评估和反馈，及时发现问题并加以改进。同时，也要关注学生的反馈，听取他们的意见和建议，不断优化实践活动的内容和形式，提高实践效果和质量。

第三节　榜样教育法

榜样教育法是一种重要的教育方法，需要领导和老师以身作则，传递正确的价值观，注重培养学生个性，提高教育质量，并营造良好的教育环境。

1. 以身作则

以身作则是榜样教育法中非常重要的一个方面，领导和老师应该以自己的言行举止为榜样，做出正确的行为示范，先树人后教育，引领学生正确的三观。

领导和老师可以在校园文化建设中率先垂范，积极参与各项活动，如开展文化艺术活动、体育健身活动等，让学生从身边的榜样中受到正面的影响和引导。例如，在校园文化节中，领导和老师可以参加各种文艺表演和比赛，积极鼓励学生参与，营造积极向上的校园文化氛围。

领导和老师可以在课堂教学中以身作则，做出正确的言行示范，引领学生树立正确的学习态度和价值观。例如，在课堂上，老师可以鼓励他们勇于探索和创新，并通过自己的言行示范，引导学生养成正确的学习习惯和思维方式。

领导和老师可以积极组织学生参加社会实践活动，亲身感受社会风貌和发展变化。例如，在社会实践中，领导和老师可以引导学生注重社会责任和伦理道德，以身作则，做出正确的行为示范，让学生从中体验到榜样的力量和魅力。

领导和老师可以在班级管理中以身作则，做出正确的行为示范，引领学生树立良好的班级文化和价值观。例如，在班级管理中，老师可以注重培养学生的团队合作精神和责任担当，通过自己的言行示范，引导学生养成正确的行为习惯和品德修养。

以身作则是榜样教育法中非常重要的一个方面，领导和老师应该注重自身素质和形象的塑造，做出正确的行为示范。只有这样，才能更好地推动学生的个人成长和社会发展。

2. 传递正确的价值观

传递正确的价值观是榜样教育法中非常重要的一个方面，领导和老师应该秉持正确的价值观，传递给学生正确的人生观、价值观和道德观，引导他们形成正确的世界观和人生追求。

领导和老师可以在课堂教学中注重价值观的教育，通过讲解经典文化和历史事件等途径，让学生了解传统文化的精髓和思想内涵，并引导他们将这些精神融入自己的日常生活中。例如，在课程中，老师可以引导学生阅读经典文学作品，如《红楼梦》《西游记》等，让学生从中感受到优秀文化的内涵和价值，培养他们正确的人生观和价值观。

领导和老师可以积极组织学生参加社会实践活动，让他们亲身体验社会生活，了解社会风貌和发展变化，从而引导学生树立正确的人生观和价值观。例如，在志愿服务活动中，学生可以参与社区建设、环境保护等活动，通过实践体验社会责任和伦理道德，形成正确的人生追求。

领导和老师可以在班级管理中注重价值观的培育，引导学生树立良好的班级文化和行为规范，让他们养成正确的行为习惯和品德修养。例如，在班级管理中，老师可以营造良好的学习氛围，鼓励学生勤奋学习，培养他们正确的学习态度和价值观。

领导和老师可以加强家庭教育的指导，引导家长关注孩子的成长和发展，传递正确的人生观和价值观。老师可以向家长介绍学校的教育理念和价值观，引导家长和学校共同关注学生的全面成长和综合素质提高。

3. 注重个性培养

注重个性培养是一种重要的教育理念，它可以通过以下五方面来实现。

（1）关注学生的个性发展：领导和老师应该关注学生的个性发展，了解他们的兴趣、爱好和特长，并在教育教学中加以引导。学校可以通过各种形式的教育活动，如课程设置、社团组织、实践活动等，为学生提供更多的机会和平台，让他们有机会展示自己的才华和能力。

（2）鼓励学生发挥特长：学校应该鼓励学生发挥自己的特长，培养自信心和独立思考能力。领导和老师可以通过课堂教学、课外辅导等方式，激发学生的学习热情和创造力，让学生有机会展示自己的特长和才华。

（3）提供更多的机会和平台：学校应该为学生提供更多的机会和平台，让他们有机会参与各种课外活动和社团组织。这些活动和组织可以培养学生的领导力、组织能力和人际交往能力，让学生在实践中得到成长和收获。

（4）加强师生互动：学校应该加强师生互动，建立良好的师生关系。领导和老师可以通过各种方式，了解学生的情况，为学生提供更个性化的教育服务和支持。

（5）推行多元评价：学校应该推行多元评价，不仅注重学生成绩，还要关注学生的个性发展和素质提升。领导和老师可以通过多种方式，如口语表达、创新能力、团队协作等方面的评估来全面评价学生的综合素质和能力。

注重个性培养是一种重要的教育理念，可以通过关注学生的个性发展、鼓励学生发挥特长、提供更多的机会和平台、加强师生互动和推行多元评价等方面来实现。学校应该在教育教学中贯彻这一理念，为广大学生提供更优质的教育服务和支持。

4. 提高教育质量

提高教育质量是榜样教育法中非常重要的一个方面，领导和老师要关注教育质量，推动教育教学改革，不断提高教学水平和方法，提升学生的综合素质。

领导和老师可以积极推进教育教学改革，引入新的教学模式和技术手段，如在线课程、虚拟实验室等，丰富教学内容和方法，提高学生的学习效果和吸引力。同时，还可以加强课程建设和教材编写，注重知识的系统性和实用性，提高学生的学习兴趣和能力。

领导和老师可以注重师资队伍建设，提高教师的综合素质和专业水平，让他们具备更好的教学能力和方法，为学生提供更高质量的教育服务。例如，可以通过定期培训、交流和评估等方式，提升教师的教学能力和职业素养，鼓励他们不断创新和探索教育教学新方法。

领导和老师可以加强教学评估和反馈，及时了解教学效果和学生的学习情况，为教学改进提供科学依据。例如，在课堂教学中，可以采用问卷调查、小组讨论等方式，听取学生的意见和建议，并根据反馈结果进行教学改进和优化。

领导和老师可以注重学生综合素质评价，关注学生的全面发展和性格特点，通过多种评价方式和手段，如成绩排名、综合测评等，综合评价学生的学业水平和综合素质，为他们的未来发展提供科学参考。

教育教学改革是提高教育质量的关键。领导和教师们应积极推动教育理念、教学内容和方法的更新与创新，适应时代发展和学生需求的变化。他们应关注学生个体差异，采用多元化的教学策略，激发学生的学习兴趣和主动性。同时，还应加强课程设计和教材编写，确保内容科学合理，有针对性和实践性，并注重培养学生的创新思维和实践能力。

5. 营造良好的教育环境

营造良好的教育环境是榜样教育法的重要组成部分，它可以通过以下五方面来实现。

（1）建设积极向上的校园文化：学校应该注重校园文化建设，创造积极向上、和谐有序的校园文化氛围。领导和老师可以通过开展各种形式的文化艺术活动、体育健身活动等，为学生营造积极、健康、向上的校园文化氛围。

（2）传递正确的价值观：学校应该注重价值观教育，引导学生树立正确三观。领导和老师可以通过课堂教学、社会实践等方式，传递正确的价值观，让学生明确自己的人生目标和方向。

（3）注重安全教育：学校应该注重安全教育，加强对学生的安全意识和应急能力培养。领导和老师可以通过组织各种形式的安全教育活动、开展安全知识竞赛等，提高学生的安全防范意识和应急处理能力。

（4）提高教育质量：学校应该注重提高教育质量，加强师资队伍建设和教育教学改革创新。领导和老师可以通过开展各种形式的教育培训、研讨会等，提高自己的教育教学水平和能力，为学生提供更好的教育服务和支持。

（5）建立和谐校园：学校应该建立和谐校园，营造良好的师生关系和友好的校园环境。领导和老师可以通过加强师生沟通、积极解决问题等方式，建立良好的师生关系，为学生提供一个舒适、和谐的学习生活环境。

营造良好的教育环境是榜样教育法的重要组成部分，可以通过建设积极向上的校园文化、传递正确的价值观、注重安全教育、提高教育质量和建立和谐校园等方面来实现。学校应该在日常管理工作中贯彻这些理念，为学生的全面发展提供有利条件，提升学校整体教育水平和影响力，为未来的社会建设和发展培养更多的优秀人才。

榜样教育法是一种注重通过榜样展示和推广，来引领学生树立正确的人生观、价值观和行为规范的教育方法。在这种教育中，多元化的榜样展示和推广是非常重要的。涵盖不同领域、不同职业的优秀人才，能够满足不同背景、不同需求的学生群体。

榜样教育法注重多元化的榜样展示可以帮助学生了解不同领域和职业的优秀人才。通过了解这些人物的事迹和成就，学生可以拓宽自己的视野，了解不同领域和职业的发展历程和特点，从而更好地做出自己的职业规划和发展方向。

多元化的榜样展示也可以满足不同背景、不同需求的学生群体。在现代社会中，学生的背景和需求各不相同。有些学生可能来自贫困家庭，需要借助榜样教育法了解如何通过勤奋努力改变自己的命运；有些学生可能比较优秀，需要借助榜样教育法了解如何通过不断努力提高自己的能力和水平。因此，通过多元化的榜样展示和推广，可以满足不同背景、不同需求的学生群体，帮助他们更好地成长和发展。

多元化的榜样展示还可以促进学生的综合素质和全面发展。在榜样教育中，学生可以从不同领域和职业的优秀人才中汲取灵感和启示，从而提高自己的综合素质和全面发展能力。同时，通过对这些优秀人才事迹的学习和分析，学生也可以锻炼自己的思维能力和创新能力，发现问题并寻找解决方案。

榜样教育法强调学生的实践参与和体验，让他们通过亲身参与和实践来感受榜样的魅力和力量，从而增强学生的责任感和信心。

领导和老师可以组织各种实践活动，如志愿服务、社会实践、科技创新等，让学生亲身参与和体验，了解榜样的行为和精神，感受到榜样的魅力和力量。例如，在志愿服务活动中，学生可以参与社区建设、环境保护等活动，通过实践体验榜样的奉献精神和责任担当。

领导和老师可以邀请成功人士或先进典型到校园进行经验分享，让学生听取他们的亲身经历和感悟，从而深入了解榜样的成长历程和精神内涵。例如，在职业生涯规划课程中，可以邀请成功企业家或专业人士到校分享自己的职业路程和成功经验，让学生从中汲取启示和经验。

领导和老师可以鼓励学生参与学术研究和创新实践，在科研和发明创造中感受榜样的探索精神和创新意识。例如，在科技竞赛中，学生可以通过创意设计、实验研究等方式，体验榜样的创新思维和科学精神。

领导和老师可以组织学生之间的互动交流，鼓励他们分享自己的经历或感悟，从而促进彼此的激励和学习。例如，在班级文化建设中，可以组织学生分享自己的学习心得、生活经验等，让他们相互鼓励和支持，激发出更多的榜样力量。

通过实践参与和体验，学生可以深入了解榜样的行为和精神，增强责任感和信心，从而更好地推动个人成长和社会发展。领导和老师应该积极组织和引导学生参与各种实践活动，营造积极向上的校园文化氛围，让学生在实践中感受到榜样的魅力和力量。

榜样教育法通过激发学生的学习热情和积极性，鼓励他们向榜样看齐，不断提高自己的能力和素质。塑造优秀榜样是榜样教育法中非常重要的一个方面，学校应该注重培养和选拔优秀的榜样，如优秀的教师、学生、校友等。

多元化榜样是榜样教育法中非常重要的一个方面，学校可以注重多元化榜样的培养和塑造，涵盖不同领域、不同层次的优秀人才，为学生提供更广阔的发展空间和选择机会。

体育榜样：学校可以注重培养和选拔体育榜样，如奥运冠军、全国健儿等，让学生在体育领域寻求自我突破和成就。通过加强体育课程建设、优化体育设施和赛事组织，增强学生身体素质和竞技精神，让他们在体育锻炼中得到全面成长和收获。

科技榜样：学校可以注重培养和选拔科技榜样，如科学家、工程师、IT专家等，让学生在科技领域掌握前沿知识和技能。通过加强科技教育和实践活动，引导学生关注科技热点和应用需求，让他们在科技创新中得到思维锻炼和精神启迪。

社会榜样：学校可以注重培养和选拔社会榜样，如社会公益人士、企业家、政治家等，让学生了解社会现实和职业规划。通过开展社会实践和就业指导，让学生走出校园，接触社会和产业，拓展人际网络和职业视野，为未来的人生规划提供更多选择和支持。

榜样教育法的核心思想是通过展示和推广榜样，引领学生树立正确的人生观、价值观和行为规范。然而，仅模仿榜样并不能完全满足现代社会对于人才的需求，因此更重要的是鼓励学生超越榜样，发挥自己的创造力和创新精神。学校应该提供丰富多样的学习资源和机会，让学生发挥自己的天赋和才能，实现自我价值的最大化。

鼓励学生超越榜样可以促进学生的个性化发展。每个人都有自己独特的优点和潜力，在现代社会中，个性化发展已经成为一个趋势。学校应该尊重每个学生的个性和特长，提供多元化的学习资源和机会，让学生充分发挥自己的天赋和才能，实现自我价值的最大化。

鼓励学生超越榜样可以培养学生的创造力和创新精神。在现代社会中，创造力和创新精神已经成为一个不可或缺的素质。学校应该注重培养学生的创造力和创新精神，鼓励他们勇于尝试、不断探索和实践，在实践中发现问题并寻找解决方案，从而进一步提高自己的综合素质和实践能力。

提供奖励和荣誉是榜样教育法中非常重要的一个方面，学校可以通过各种方式给予学生奖励和荣誉，如表彰优秀学生、颁发证书、提供奖学金等。

榜样教育法具有很强的激励性，可以通过塑造优秀的榜样、提供正面引导、鼓励学生超越榜样、加强师生互动和提供奖励和荣誉等方面来实现。学校应该利用好这种教育方法，为学生的成长和发展提供更好的支持和帮助。榜样教育法是一种注重实践、多元化、激励性和以身作则的教育方法。在大学生使命教育中，可以通过榜样教育法引领学生树立正确的人生观、价值观和世界观，培养学生成为有理想、有担当、有创新精神的优秀人才，为实现国家的长远发展做出贡献。

第四节　自我教育法

大学生使命教育是指在大学教育中，培养学生的社会责任感、奉献精神和公益意识，让他们认识到自己的社会角色和使命，并通过实践活动来落实这些理念。自我教育法是一种帮助学生自主学习和自我成长的方法，可以与大学生使命教育相结合，实现更好的效果。

1. 制订学习目标

制订明确的学习目标和计划是自我教育法中非常重要的一个方面，它可以帮助学生充分了解自己的学习需求和能力水平，设计可行的学习方案和时间表，并不断完善和提高自己的学习目标和计划。

学校可以借鉴先进的教育理念和实践经验，如问题驱动式学习（PBL）、团队驱动式学习（TBL）、大规模开放在线课程（MOOC）等。通过这些方法，学生可以更加深入地探究学科知识和技能、培养批判性思维和创新能力，制订明确的学习目标和计划。

学校可以建立强化学生的自我评估和反馈机制，让他们清楚地了解自己的学习成果和发展需要。这个机制可以采用自主学习档案、学业记录单、学习日志等形式，为学生提供全方位的学习反馈和指导，帮助他们不断完善和提高自己的学习目标和计划。

学校可以加强学习资源和支持服务，如开放图书馆、在线课程平台、辅导教师等。这些资源和服务可以帮助学生更好地了解学科知识和技能、掌握学习方法和技巧、解决学习难点和困惑，为制订明确的学习目标和计划提供重要支持和保障。

学校可以鼓励多元化的学习方式和体验，如参加实践项目、交流访问、社会实践等。这些方式和体验可以让学生在学习中得到更全面的成长和收获，增强学习目标和计划的针对性和可执行性。

制订明确的学习目标和计划是自我教育法中非常重要的一个方面，学校应该通过借鉴先进的教育理念和实践经验、强化学生的自我评估和反馈机制、加强学习资源和支持服务、鼓励多元化的学习方式和体验等方式，为学生提供更好的学习环境和条件，推动学生的全面成长和社会发展。

鼓励学生主动寻找学习机会和方式是自我教育法中的一个重要环节，它可以通过以下五方面来实现。

（1）参加课外活动：学校可以开展各种形式的课外活动，如社团、义工、体育比赛等，让学生有机会参与到不同领域的活动中来。这些活动可以帮助学生拓展视野、增强实践能力、提高创新思维，从而在学习中得到更全面的成长和收获。

（2）实践项目：学校可以为学生提供各类实践项目，如校内科研、社会公益服务、自主创业等。这些实践项目可以让学生接触到真实的问题和挑战，锻炼他们的解决问题能力和团队协作能力，同时也可以丰富学生的知识和经验。

（3）创新竞赛：学校可以组织各类创新竞赛，如科技创新竞赛、文艺比赛、体育比赛等。这些竞赛可以激发学生的创新思维和行动力，让他们在比赛中展示自己的才华和能力，同时也可以锻炼他们的竞争意识和心理素质。

（4）独立学习：学校可以鼓励学生进行独立学习，如自主阅读、网上学习、参加公开课等。这种方式可以让学生自主选择学习内容和方式，培养他们的自主学习能力和信息素养。

（5）学习交流：学校可以组织学生之间的学习交流活动，如小组讨论、学术沙龙、知识分享等。这种方式可以让学生在交流中相互学习、相互启发，增强学习效果和体验。

鼓励学生主动寻找学习机会和方式是自我教育法中的一个重要环节，可以通过参加课外活动、实践项目、创新竞赛、独立学习和学习交流等方面来实现。学校应该为学生提供多样化的学习机会和方式，让他们有机会挖掘自己的潜力和才华，从而更好地实现自我成长和发展。

提供多元化的学习资源和支持是学校教育中非常重要的一环。学校可以提供各种各样的学习资源和支持，如图书馆、网络资源、翻译服务等，这些资源和支持可以帮助学生快速获取知识和信息、解决学习难题、提高学习效率，让他们更加自信和有动力地追求学习目标。

学校图书馆是一个非常重要的学习资源和支持。图书馆不仅可以提供各种各样的纸质书籍，还可以提供电子图书、期刊、报纸等丰富的资源。通过利用图书馆的资源，学生可以快速获取知识和信息，并深入了解所学的内容。同时，图书馆也可以提供借阅、预约、咨询等服务，方便学生进行学习和研究。

网络资源也是一个非常重要的学习资源和支持。在现代社会中，互联网已经成为人们获取信息和知识的主要途径之一。学校还可以提供全面、优质的网络资源，包括在线课程、学术数据库、电子图书、科研工具等，帮助学生更好地进行学习和研究。

翻译服务也是一个非常重要的学习资源和支持。在国际化的现代社会中，翻译已经成为一项非常重要的技能。学校可以提供翻译服务，帮助学生更好地理解和掌握外语知识，提高他们的跨文化交流能力。

随着互联网的普及，学校应该注重网络资源的建设和管理，为学生提供各类在线学习平台、数字图书馆、网络教育课程等。这些资源不仅可以满足学生学习和研究的需要，还可以培养学生信息技术素养和自主学习能力。

通过网络资源，学生可以更加方便地获取各种学习资料和教育资源，如电子书籍、网络课件、在线论坛等。这大大提高学生的学习效率和质量，让他们更快地掌握知识和技能。

通过网络资源，学生可以灵活选择学习内容和方式，自主决定学习进度和节奏。这种自主性可以培养学生的自主学习能力和独立思考能力，让他们在未来的职业生涯中具备更强的适应能力和创新能力。

通过网络资源，学生可以了解到各个领域的最新动态和前沿研究，如科学技术、文化艺术、社会科学等。这种知识和信息可以开拓学生的学科视野，提高他们的综合素质和文化修养。

通过网络资源，学生可以跨越时空和地域的限制，与来自不同国家和地区的人士进行交流和互动，了解不同文化和思维方式。

通过网络资源，学生可以学习了解并掌握各种新兴信息技术工具，如文献检索、数据分析等。这种掌握可以提升学生的信息技术素养和实践能力，让他们更好地应对信息化时代的挑战和机遇。

网络资源是提高学生学习效率和素质的重要手段之一，学校应该注重网络资源的建设和管理，为学生提供高质量、丰富多彩的在线学习环境。学生也需要在利用网络资源的过程中保持谨慎、理性和创新的态度，充分发挥网络资源的优势和价值，实现个人学习和职业发展的目标。

2. 社交媒体

社交媒体已经成为现代社会中不可或缺的一部分，学校可以借助社交媒体平台，为学生提供在线学习、交流和分享的平台。这种方式可以促进学生之间的交流和合作，扩大学生的社交圈子，同时也可以激发学生的创新思维和行动力。

学校可以建立微信公众号，为学生提供各类学术信息、教育资讯、校园活动等内容。通过这个平台，学生可以及时了解学校和学科最新的进展和动态，扩展自己的知识面和视野。

学校可以创建学生 QQ 群，让学生在群内进行互动和交流，包括学习、生活、娱乐等方面。通过这种方式，学生可以更加深入地了解彼此，建立友谊和合作关系，促进个人和集体的发展。

学校可以推广微博、直播等平台，让学生在这些平台上分享自己的经验、心得和见解。通过这些平台，学生可以扩大自己的影响力和社交圈子，激发创新思维和行动力，为未来的发展打下基础。

学校可以借助社交媒体平台，为学生提供在线学习、交流和分享的平台，促进学生之间的交流和合作，扩大学生的社交圈子，同时也可以激发学生的创新思维和行动力。同时，学校应该注重培养学生的网络素养和安全意识，为学生在社交媒体平台上的健康和安全提供保障和支持。如开设网络安全课程、组织安全教育活动等。这些能力可以帮助学生更好地利用社交媒体平台，避免信息泄露和安全隐患，保护个人和集体的利益和安全。

3. 实践资源

实践资源是自我教育法中的一个重要环节，它可以通过以下五方面来实现。

（1）社会服务：学校可以鼓励学生参与到各种社会服务活动中来，如义工、志愿者、公益活动等。这些活动可以帮助学生了解社会问题和需求，锻炼他们的服务意识和社会责任感，同时也可以提升他们的组织协调能力和团队合作能力。

（2）创新创业：学校可以为学生提供各类创新创业机会和平台，如创业孵化器、创客空间等。这些机会和平台可以让学生接触到创新创业领域的前沿技术和商业模式，锻炼他们的创造力和创业精神，同时也可以促进学生的就业和创业发展。

（3）科研竞赛：学校可以组织各类科研竞赛，如大学生创新创业大赛、科技竞赛等。这些竞赛可以让学生接触到科学研究的方法和技巧，锻炼他们的科学素养和创新能力，同时也可以提高他们的竞争能力和实践能力。

（4）实习实训：学校可以为学生提供各类实习实训机会和平台，如企业实习、职场体验、专业实训等。这些机会和平台可以帮助学生了解职场环境和人际关系，提升他们的工作能力和职业素养，同时还可以让学生在实践中掌握技能和经验。

（5）学科竞赛：学校可以组织各类学科竞赛，如数学竞赛、物理竞赛等。这些竞赛可以让学生接触到学科知识的深度和广度，增强他们对学科的热爱和兴趣，同时也可以提高他们的学科素养和竞争力。

4. 鼓励自我评价

鼓励自我评价是一种非常重要的教育方法，它可以帮助学生发现自身优缺点，并制订改进计划。通过自我评价，学生可以更好地认识自己，发现自己的潜力和不足之处，从而不断提高自己的综合素质和实践能力。

引导学生进行自我评价可以帮助他们建立正确的自我认知。在现代社会中，具备正确的自我认知已经成为一个趋势。通过自我评价，学生可以客观地了解自己的优点和不足，并且能够更加深入地了解自己的兴趣爱好、性格特点和职业发展方向，从而更好地规划自己的人生道路。

自我评价也可以帮助学生制订改进计划。在自我评价的过程中，学生不仅要发现问题，还需要思考解决问题的方法和方案。通过制订改进计划，学生可以有针对性地进行提高和改进，并且能够更加有效地实现自我价值的最大化。

5. 激发学生兴趣

激发学生兴趣是大学教育中非常重要的一环，特别是在推动大学生使命教育深入开展的过程中更为关键。通过丰富多彩、具有挑战性的项目和活动，可以激发学生参与的兴趣和热情，培养其自我学习和自我成长的能力。

学生对于感兴趣的事物往往会更加投入，也更容易获得成就感。因此，学校可以结合学生的爱好和特长，设计一些具有吸引力的项目和活动，如社团活动、创新竞赛、志愿服务等。这些活动既可以满足学生的个性化需求，又可以提高他们的综合素质和实践能力。

挑战性较强的项目和活动可以激发学生的进取心和勇气，同时也可以让他们体验到成功的喜悦和失败的教训，从而提高自己的自我学习和自我成长的能力。学校可以组织一些具有挑战性的活动，如学术竞赛、实践项目等，让学生在实践中不断尝试、不断摸索，从而提高他们的创新能力和解决问题的能力。

学校还可以提供多种多样的项目和活动，以满足不同学生的需求和兴趣。这些项目和活动应该包括文化、艺术、体育、科技创新等各个方面，让学生有更多的选择和机会，同时也能够丰富他们的人生体验和视野。

激发学生兴趣是推动大学生使命教育深入开展的重要环节。通过丰富多彩、具有挑战性的项目和活动，可以激发学生参与的兴趣和热情，培养其自我学习和自我成长的能力。学校应该注重培养学生的兴趣、注重挑战性、注重多样性，为学生提供更加丰富的学习和成长机会，让他们得到更好的发展和成长。

6. 引导学生反思自己

引导学生反思自己的学习和成长过程，可以帮助他们发现自己的不足和提高的空间，并及时调整学习策略。

激发学习兴趣：通过反思学习过程中的困难和挑战，学生可以更深刻地认识到知识的重要性和实用性，从而激发学习的兴趣和动力。

发现不足之处：通过反思自己的学习和成长过程，学生可以发现自己的不足和提高的空间，如学习方法、思维方式、沟通能力等方面的不足。这种发现不仅可以促进学生个人的成长，还可以为学校制订更科学的教育方案提供参考。

调整学习策略：通过反思学习过程中的成功和失败，学生可以总结出适合自己的学习策略和方法，并及时调整自己的学习计划和目标。这种调整不仅可以提高学生的学习效率，还可以培养他们独立思考和解决问题的能力。

增强自信心：通过反思自己的学习和成长过程，学生可以发现自己的潜力和优点，并通过不断努力和实践来提高自己。这种发现和提高可以增强学生的自信心和自尊心，让他们更加坚定地走向成功之路。

培养终身学习意识：通过反思学习和成长过程，学生可以认识到知识是无止境的，需要不断学习和探索。这种认识可以培养学生终身学习的意识和习惯，让他们在未来的职业生涯中具备强大的学习能力和适应能力。

引导学生反思自己的学习和成长过程，可以帮助他们深刻认识自己、发现问题、调整策略、建立信心，从而提高学习效率和成就感。学校和教师可以通过多种方式来引导学生进行反思，如组织讨论、个人辅导、学科竞赛等，营造积极、开放、勇于探究的学习氛围，让学生在学习中不断成长和进步。

第八章

大学生使命教育的未来发展方向

大学生使命教育是当前高校教育的重要组成部分，旨在培养学生的社会责任感和使命感，引导学生树立正确的三观。未来，大学生使命教育将面临新的挑战和机遇，需要有针对性地制定发展方向，以更好地适应时代变化和社会需求。

第一节　增强社会责任感培养

社会责任感是指个人或组织对社会和环境的责任和义务，这种感觉能够激发人们的自我约束意识，促使其积极参与到社会和环境建设中。在当前的社会背景下，增强社会责任感培养已经成为培养大学生使命感需要迫切解决的问题。

一、教育引导

高校注重教育引导是培养学生社会责任感的一种有效方式。除了在课堂上传授相关知识外，高校还可以通过各种形式的教育引导来强化学生对社会责任感的认识和理解。

开设相关课程可以传授社会责任感的相关知识和理论。高校可以为学生开设相关的课程，如社会责任与可持续发展、企业社会责任等，让学生了解社会责任感的概念、内涵、目标和实践方法，从而提高他们的社会责任意识和素质。

组织讲座可以向学生传达社会责任感的重要性。高校可以邀请社会知名人士和专家学者等来校举办讲座，向学生介绍社会责任感的现状和发展趋势，分享相关的案例和经验。

举办活动可以让学生在实践中体现社会责任感。高校可以组织各种形式的社会实践、志愿服务和公益活动等，让学生亲身参与其中，体验社会责任感的实践过程，提高他们的社会责任感和公民意识。

高校还可以在日常教学和管理中注重社会责任感的培养。例如，鼓励学生积极参与课堂讨论和互动，倡导诚信守法、尊重知识产权、保护环境等良好行为习惯，从而引导学生在日常学习和生活中体现出社会责任感。

高校注重教育引导是培养学生社会责任感的一种有效方式。通过开设相关课程、组织讲座、举办活动等方式，可以向学生传达社会责任感的重要性，并引导学生在日常学习和生活中体现出社会责任感，从而提高他们的社会责任意识和素质。

二、实践教育

加强实践教育是推动大学生使命教育深入开展的重要手段。社会责任感是通过实践活动逐步培养出来的，高校可以通过各种形式的实践教育，如社会调研、志愿服务、实习等方式，让学生亲身参与社会建设，增强其社会责任感和使命感。

社会调研是一种重要的实践教育方式，可以让学生了解社会现状和问题，同时也可以提高他们的调研能力和数据分析能力。例如，在社会学、心理学、经济学等课程中可以组织学生开展社会调研项目，让他们亲身参与社会问题的研究和解决，培养他们的社会责任感和使命感。

志愿服务是一种有益于社会和个人成长的实践教育方式，参与志愿服务活动可以让学生了解社会需求和公益事业，同时也可以提高他们的团队合作和领导能力。例如，在暑假期间可以组织学生到贫困地区进行支教、支农、支医等志愿服务活动，让他们在实践活动中亲身感受社会发展中的需要。

实习是一种重要的职业实践教育方式，可以让学生了解不同行业和企业的工作环境和流程，同时也可以提高他们的职业素养和实践能力。例如，在专业课程中可以安排学生到相关企业或机构进行实习，让他们将所学知识应用于实际工作中，培养他们的职业能力和社会责任感。

学校需要注重实践教育的综合性和创新性。通过创新实践教育方式和内容，如社会创新项目、科技创新竞赛、实践型科研等，可以让学生更加全面地了解社会需求和发展趋势，培养他们的创新精神和实践能力。

加强实践教育是推动大学生使命教育深入开展的重要手段。通过社会调研、志愿服务、实习等多种实践教育方式，可以让学生亲身参与社会建设，增强其社会责任感和使命感。学校应该注重实践教育的综合性和创新性，为学生提供更加优质和多元化的实践教育资源和支持。

三、宣传辅助

高校可以通过各种形式的宣传和活动，营造出良好的社会氛围，鼓励学生积极参与到社会公益事业中，提升其社会责任感和社会意识。

高校可以通过多种渠道进行宣传教育，如校报、校网等，向学生宣传社会公益事业的重要性和意义，引导他们关注社会热点、关心弱势群体、积极投身公益事业。

组织志愿服务活动是高校帮助学生培养社会责任感和社会意识的重要手段之一。通过义务劳动、环保行动、扶贫帮困等方式，让学生亲身体验并参与到社会公益事业中去，学生可以感受到社会的需要和自己的责任，从而逐渐形成积极的社会责任感和奉献精神。这种社会责任感可以帮助学生更加关注社会问题和公益事业，为社会做出更多的贡献。通过参与志愿服务活动，学生可以了解社会的多样性和复杂性，拓宽自己的视野和思维方式，从而培养出更好的社会意识和社会素养。

志愿服务活动通常需要学生走出自己的舒适区，面对陌生的人和事，这样的体验可以增强学生的勇气和自信心。同时，通过完成志愿服务活动，学生可以感受到成功的喜悦和成就感，从而进一步增强勇气和自信心。志愿服务活动通常需要学生进行实际操作和沟通交流，这可以提高学生的实践能力和沟通能力，增强其领导力和团队合作能力。志愿服务活动通常是集体性的行动，学生可以在其中结识来自不同地区、不同专业的同学，增加社交机会，扩大人脉圈。

在开展这些活动时，高校应该注重安全保障和教育指导，确保学生能够在安全和有益的环境中参与志愿服务活动，从而获得更多的收获和成长。

四、公益课程

开设公益课程是高校培养学生公益意识和能力的重要手段之一。

学校可以开设公益管理、社会工作、志愿服务等相关课程，让学生了解公益事业的理论和实践，掌握公益项目的策划、组织和管理技能。这种公益管理类课程可以为学生提供更好的公益知识和技能支持，增强其公益意识和能力。

学校可以与社区、公益组织等合作，搭建公益实践平台，让学生参与到各种公益项目中去，开展志愿服务、社会调研、社区建设等活动。这种公益实践平台可以为学生提供更多的实践机会和体验，培养其公益意识和能力。

学校可以推广公益文化，如举办公益论坛、公益电影展映、公益义卖活动等，让学生了解公益事业的价值和意义，引导他们积极参与公益活动。这种公益文化推广可以为学生提供更好的公益教育和启示，增强其公益意识和能力。

学校可以开展公益研究项目，如社会调查、政策研究、公益案例分析等，让学生了解公益事业的现状和趋势，掌握公益研究的方法和技能。这种公益研究项目可以为学生提供更深入的公益教育和培训，增强其公益意识和能力。

学校可以提供公益实习机会，让学生到公益组织、社区服务中心等进行实习和实践。这种公益实习机会可以为学生提供更多的实践机会和体验，培养其公益意识和能力。

开设公益课程是高校培养学生公益意识和能力的重要手段之一，学校应该注重公益课程的推广和开展。同时，学生也需要在公益课程中保持开放、积极、责任的态度，充分发挥自己的力量和作用，为公益事业做出更多贡献。

五、激励机制

激励机制是高校帮助学生积极参与社会公益事业的有效手段之一。通过设立优秀志愿者奖、公益项目资助等方式，鼓励和表彰学生积极参与到社会公益事业中去，可以提高他们的积极性和参与度，同时也可以增强其社会责任感和社会意识。

通过设立优秀志愿者奖等方式，可以鼓励学生更加积极地参与到社会公益事业中去，从而提高其积极性和参与度。这种积极性可以带动更多的学生参与到公益事业中去，形成良好的群体效应。

通过设立优秀志愿者奖等方式，可以表彰那些为社会做出突出贡献的学生，让他们获得应有的荣誉和尊重。这种表彰可以激励更多的学生投身于公益事业中去，增强其社会责任感和自豪感。

通过设立公益项目资助等方式，可以支持那些有价值和影响力的公益项目，为社会提供更多的公益服务。这种支持可以激励更多的学生参与到公益项目中去，增强其创新能力和实践能力。

通过建立激励机制，可以让学生更加意识到自己的社会责任和使命，从而逐渐形成积极的社会责任感。这种责任感可以帮助学生更加关注社会问题和公益事业，为社会做出更多的贡献。

高校应该建立各种形式的激励机制，鼓励学生积极参与到社会公益事业中去，同时也可以增强学生的社会责任感和社会意识。在建立这些机制时，高校应该根据实际情况和需求，设计出合理、科学的评选标准和奖励方式，确保其公正、公开、透明。同时，高校也应该加强对学生的宣传和教育，让他们了解激励奖励机制的意义和价值，从而更好地参与到其中去。

六、加强师资队伍建设

加强师资队伍建设是高校培养学生社会责任感的重要保障。高校需要通过各种方式，如培训、考核等手段，加强教师的社会责任感培养，营造出一支高素质、专业化的师资队伍，为学生提供更好的服务和指导。

高校可以通过培训来提高教师的社会责任感水平。培训内容可以包括社会责任感理论知识、案例分析、实践经验等方面，通过培训不断提升教师的专业能力和素质，进而提高他们对社会责任感的认识和理解。

高校还可以通过考核机制来评估教师的社会责任感水平。例如，在聘用、晋升、奖励等方面，可以将教师的社会责任感表现作为重要考核指标之一，并给予相应的激励和惩罚措施，以提高教师的社会责任感意识和积极性。

高校还可以通过制定相关政策和规定来引导教师积极履行社会责任。例如，鼓励教师参与社会实践、志愿服务和公益活动等，支持教师开展相关研究和项目，为社会和行业做出贡献。

高校还需要营造良好的学术氛围和管理环境，吸引和留住优秀的师资力量。例如，加强对教师的关爱和支持，提供更好的职业发展机会和福利待遇，激励教师创新工作和探索领域，从而形成一支高素质、专业化的师资队伍，为学生提供更好的服务和指导。

加强师资队伍建设是高校培养学生社会责任感的重要保障。通过培训、考核、制订政策和规定等方式，可以加强教师的社会责任感培养，营造出一支高素质、专业化的师资队伍，为学生提供更好的服务和指导。

推动社会责任感制度建设是高校培养学生社会责任感的重要手段。高校可以建立一套完整的社会责任感制度体系，通过规章制度和考核机制来引导学生在日常学习和生活中体现出社会责任感，同时对违反社会责任感规定的行为进行惩戒。

高校需要制定相关规章制度，明确学生应当具备的社会责任感素质和行为准则。例如，制定关于课堂纪律、学术诚信、环境保护、公益志愿等方面的规定，鼓励学生积极履行社会责任，促进他们全面发展。

高校还需要建立相应的考核机制，以评估学生在社会责任感方面的表现。例如，设置社会责任感考核指标，将学生的社会责任感行为纳入综合测评中，对达到一定水平的学生给予激励和奖励，对未达到要求的学生进行辅导和督促，以提高学生的社会责任感意识和行为水平。

推动社会责任感制度建设是高校培养学生社会责任感的重要手段。通过规章制度和考核机制的建立、宣传和教育活动的开展，以及对违反规定行为的惩戒等方式，可以引导学生在日常学习和生活中体现出社会责任感，全面提升其社会责任感素质和行为水平。增强社会责任感培养需要从教育引导、实践教育、社会氛围、师资队伍建设和制度建设等多个方面入手，只有全面系统地推进这些措施，才能够有效地培养出具有高度社会责任感的优秀人才。

第二节　强化创新意识培养

创新是现代社会发展的重要动力，强化创新意识培养是高校教育中必不可少的一环。下面是强化创新意识培养需要注意的几点内容。

一、培养探索精神

学生应该具备开拓进取、勇于探索的精神，高校应该鼓励他们在学习和实践中大胆尝试，勇于面对失败和挫折。

（1）鼓励尝试是高校综合素质教育的重要策略之一。通过开展各种创新创业活动、开设多元化的选修课程和实践课程、建立创新创业基地等方式，鼓励大学生大胆尝试和探索，为大学生提供各种机会，可以激发他们的创新精神和实践能力，从而促进学生全面发展和自我提升。

高校可以开展各种创新创业活动，如科技创新竞赛、商业计划比赛等，为学生提供实践探索的平台。这些活动不仅能够激发学生的创新意识和实践能力，还能够培养学生的团队协作能力和市场意识，为将来的就业和创业打下坚实基础。

高校还可以开设多元化的选修课程和实践课程，让学生有更多的机会去尝试新事物。例如，开设创意设计、社交礼仪、西方文化等选修课程，让学生了解不同领域的知识和技能；同时，组织实践课程或社会实践活动，让学生在实践中学习、探索和尝试。

高校还可以建立创新创业基地、实验室等平台，为学生提供更多的资源和支持。例如，为学生提供创业孵化服务、技术咨询、资金支持等，鼓励学生在自己感兴趣的领域大胆尝试和探索。

高校还需注重教师团队建设，培养一支专业化、高水平的教师队伍，为学生提供更好的指导和支持。教师需要不断更新教育理念和教学方法，关注学生的个性化需求和发展方向，引导学生在学习和实践中尝试、探索和成长。

（2）推崇创新是推动大学生使命教育深入开展的重要手段。学校可以为学生创造一个鼓励创新和创造的氛围，让学生知道创新不仅是科技领域的专属，而是涵盖了所有领域，包括艺术、文化等。

学校可以设立创新中心或者创新实验室，提供给学生创新的平台和资源。创新中心或者创新实验室可以为学生提供各种支持，如科研经费、设备、导师指导等，让学生有机会进行创新性的探索和实践。例如，在工程类专业中可以设立创新实验室，让学生进行项目开发和实验研究；在艺术类专业中可以设立创意中心，让学生进行创意设计和创作。

学校可以组织各种创新竞赛，激励学生参与到创新活动中来。通过举办科技创新、文化创意、社会创新等方面的竞赛，可以激励学生的创新热情和创造力，同时也可以提高他们的团队合作和领导能力。例如，在信息科学类专业中可以组织编程比赛，让学生进行编程挑战和创新实践；在文化创意类专业中可以组织设计竞赛，让学生进行创意设计和创作。

注重创新教育的融合性和跨学科性。通过将创新教育与其他学科相结合，如艺术、文化、社会科学等，可以培养学生的多元化思维和创造力，提高他们的综合素质和跨学科能力。例如，在社会科学类专业中可以引入创新思维课程，让学生了解创新思维和方法，从而促进其综合素质的发展和提高。

注重创新教育的实用性和应用性。通过鼓励学生进行实际探索和创新实践，并将其成果应用于实际场景中，可以更好地体现创新教育的实用性和应用性。例如，在商科类专业中可以组织学生进行市场调研和产品设计，从而提高他们的市场分析和创新能力；在医学类专业中可以组织学生进行医疗设备开发和医疗服务创新，从而提高他们的医学技术和创新能力。

推崇创新是推动大学生使命教育深入开展的重要手段。通过设立创新中心或者实验室、组织各种创新竞赛，注重创新教育的融合性和跨学科性，以及注重创新教育的实用性和应用性等方式，可以为学生创造一个鼓励创新和创造的氛围，让学生知道创新不仅是科技领域的专属，而是涵盖了所有领域，包括艺术、文化等。学校应该注重创新教育的实际应用和发展，为学生提供更加优质和多元化的创新教育资源和支持。

（3）培养创新勇气是帮助学生面对挑战和变化的重要手段之一。提供心理辅导服务：学校可以提供心理辅导服务，为学生提供专业、及时的心理支持和帮助。这种心理辅导服务可以帮助学生了解自己的内心世界，掌握应对压力和不适的方法，增强其心理韧性和抗压能力。

学校可以开设挑战课程，如户外拓展、团队建设等，让学生在安全的环境下体验冒险和挑战，增强其勇气和信心。这种挑战课程可以为学生提供更多的成长机会和平台，促进其个人成长和发展。

学校可以组织各种形式的社交活动，如演讲比赛、辩论赛、文艺比赛等，让学生有机会展示自己的才华和能力，增强其自信和勇气。这种社交活动可以为学生提供更好的交流和展示机会，提高其社交能力和领导力。

学校可以培养学生的创新能力，让他们有机会尝试新事物、探索未知领域、提出新观点，增强其勇气和自信。这种创新能力可以为学生提供更多的发展机会和平台，促进其个人成长和创新能力。

学校可以建立激励奖励机制，鼓励学生勇于面对挑战和变化，如设立优秀拓展学生、创新大赛获奖者等，以此来促进学生的积极性和参与度。这种激励机制可以为学生提供更好的奖励和激励，增强其勇气和自信。

培养创新勇气是帮助学生面对挑战和变化的重要手段之一，学校应该注重勇气培养的推广和开展。同时，学生也需要在创新勇气培养中保持开放、积极、勇敢的态度，充分发挥自己的特长和优势，为个人和社会做出更多的贡献。学校可以强调积极向上的价值观，如公平、正义、责任和社会责任感等，鼓励学生为社会做出贡献，并在这个过程中获得成长和发展。学校可以帮助学生认识到自己的优势和不足，了解自己的兴趣和潜力，从而更好地探索未来的职业和人生方向。

培养探索精神是现代高等教育中的一个重要环节，可以通过鼓励尝试、推崇创新、培养勇气、强调价值观和培养自我意识等方面来实现。学校应该注重培养学生的探索精神，帮助他们在学习和实践中大胆尝试，探索未知的领域和机会，从而更好地实现自我成长和发展。

（4）培养创造思维是推动大学生使命教育深入开展的重要目标之一。学生应该具备独立思考、创造性思维的能力，注重培养学生的想象力、观察力、联想力和创造力。

想象力是创造力的基础，学校可以通过各种方式激发学生的想象力，如鼓励学生阅读文学作品、参加文艺活动等。同时，在课堂上也可以采用启发式教学法，引导学生自主思考和发挥想象力，培养他们的创造性思维。

观察力是创造力的重要组成部分，学校可以通过各种实践活动和课程设置来培养学生的观察力。例如，在艺术课程中可以让学生观察和模仿自然界中的形态和色彩，培养学生的艺术感知和审美意识。在科学课程中可以让学生进行实验观察和数据分析，培养学生的科学精神和实验能力。

联想力是创造力的关键环节之一，学校可以通过各种方式激发学生的联想力，如阅读、观察、思考等。在课堂上也可以采用启示式教学法，让学生从已有的知识和经验中联想到新的想法和解决方案。

创造力是学生将想象、观察和联想转化为现实的能力，学校可以通过各种课程和实践活动来培养学生的创造力。例如，在艺术、设计、编程等课程中可以让学生进行自主创作，培养他们的创意和创造能力。在创业实践中可以鼓励学生提出独特的商业模式和创新方案，培养他们的创新精神和创业能力。

培养创造思维是推动大学生使命教育深入开展的重要目标之一。通过注重学生的想象力、观察力、联想力和创造力的培养，可以帮助学生更好地发挥自己的创造潜力，提高他们的独立思考和创造性思维能力。学校应该注重课程设置和实践活动的创新和改进，为学生提供更加优质和多元化的教育资源和支持。

二、课堂教学改革

课堂教学改革是学校教育中非常重要的一项工作。教师应该采用多种教学方法，如案例分析、小组讨论、互动授课等，激发学生的学习兴趣和创新意识，提高学生的自主学习能力和团队协作能力，以及促进教师的教学改革和创新。

1. 多种教学法

多种教学方法可以帮助教师更好地满足学生的学习需求。不同的学生有着不同的学习方式和习惯，通过采用多种教学方法可以满足学生的学习需求，提高教学效果。例如，通过案例分析可以让学生深入了解理论知识在实践中的应用，通过小组讨论可以让学生相互交流和学习，通过互动授课可以让学生更加主动地参与到教学中来。

学生往往对传统的教学方式感到枯燥乏味，容易失去学习的兴趣。多种教学方法可以激发学生的学习兴趣和创新意识，可以让学生更加积极地参与到教学中来，激发他们的学习兴趣和创新意识。例如，通过案例分析可以让学生发现问题、探索解决方案，通过小组讨论可以让学生相互交流和学习，激发他们的创新能力和思维能力。

多种教学方法还可以提高学生的自主学习能力和团队协作精神，可以让学生更加主动地参与到课堂中来，发挥自己的优势和特长。同时，学生在实践过程中需要与他人进行合作，相互协作、交流和沟通，这可以培养学生的团队协作精神和领导力。

教师需要根据学生的实际需求和学科特点，不断尝试新的教学方式和方法，提高教学效果。通过采用多种教学方法，可以帮助教师更好地了解学生的学习情况和需求，不断更新自己的教育教学观念和方法，促进教师的教学改革和创新。

2. 实践教学

为了促进学生的创新能力和实践能力的培养，学校应加强实践教学环节，通过这些方式，学校为学生提供了创新的平台和机会。开设创新创业课程可以培养学生的创新思维和实践能力，同时与企业、科研机构合作，提供实践机会和资源支持。组织科技竞赛和创新活动可以激发学生的兴趣，展示才华，加强团队合作，提升问题解决能力。此外，邀请专家和成功创业者指导和评审，提供专业建议，帮助学生完善项目。加强实践教学环节对学生创新能力和实践能力的培养至关重要，通过学校的努力，培养出更多具有创新精神和实践能力的人才，推动社会的进步和发展。

学校可以开设创新创业课程，让学生了解创业的基本流程和要点，如市场分析、商业模式设计、企业管理等。这种了解可以帮助学生更好地理解创业的本质和挑战，为他们未来的创业之路打下坚实的基础。

学校可以组织各种科技竞赛和创新活动，鼓励学生参与创新项目和科技研究，如科技展览、发明展示、创新大赛等。这种参与可以激发学生的创新潜能和创造力，培养他们的团队合作和领导能力。

学校可以组织实践教学项目，让学生将所学知识应用到实际情境中，如企业咨询、社会调查、公益项目等。这种实践可以帮助学生更好地认识社会和市场需求，提高他们的实践能力和解决问题的能力。

学校可以邀请行业导师来为学生提供指导和支持，如商业领袖、科技专家、投资人等。行业导师可以为学生提供宝贵的经验和资源，帮助他们更好地了解行业动态和趋势，为未来的职业发展打下坚实的基础。

学校可以提供交流分享平台，让学生与其他学生、企业家、投资人等进行交流和分享，如创新论坛、创业沙龙、创客空间等。这种平台可以为学生提供广阔的视野和机遇，让他们更好地了解社会和市场需求，为个人和社会创造更多的价值。

实践教学是提高学生创新能力和竞争力的重要手段之一，学校应该注重实践教学环节的开设和推广，为学生提供全面、系统的实践教育。学生也需要在实践教学中保持开放、创新、实践的态度，充分发挥创新和创业的潜力和能力，为个人和社会创造更多的价值。

学校应该建立积极向上的创新文化，鼓励学生勇于创新、敢于尝试。学校可以制定并强调创新导向，包括鼓励学生勇于尝试、推动创新项目和培养创新思维等。学校应该向学生提供资源支持，包括资金、设备、人员等，帮助他们将创新想法转化为实际行动。学校可以组织各种创新活动，如创新大赛、创新论坛等，促进学生之间的交流与合作，激发创新创业热情。学校领导应该以身作则，积极参与创新活动，展示创新精神和创新思维，带动学生积极参与创新活动。学校应该营造一个开放的环境，鼓励学生自由地表达意见和想法，建立互相学习和分享的氛围。

创新文化营造是现代高等教育中的一个重要环节，可以通过建立创新导向、提供资源支持、组织创新活动、领导示范和营造开放环境等方面来实现。学校应该注重创新文化的营造，为学生提供多样化的创新平台，激发他们的创新热情和创新能力，从而更好地实现自我成长和发展。强化创新意识培养是一项全方位、系统性的工程，需要学校、教师和学生共同努力。只有通过不断地创新思维和实践，才能够为国家和社会的长远发展做出贡献。

第三节　推行多元化教育形式

开设丰富多彩的课程是现代高等教育中的重要任务之一，它可以帮助学生获得更全面、更系统的知识和技能，同时也可以培养学生对家国情怀和社会责任的认知和理解。

一、开设课程

（1）开设公共基础课是现代高等教育中的重要任务之一，它可以帮助学生获得更广泛的知识和视野，增强学生的综合素质和创新能力。

开设思想政治理论课：帮助学生深入了解和掌握马克思主义基本原理、中国特色社会主义道路、党的建设等重要理论和实践经验，提高学生的思想政治素质和创新意识。

人文社科类公共基础课：学校可以开设人文社科类公共基础课，如哲学、历史、政治学、经济学等课程。这些课程可以让学生了解和掌握人文社科领域的基本概念、理论和方法，增强学生的文化素养和思辨能力。

自然科学类公共基础课：学校可以开设自然科学类公共基础课，如物理、化学、生物、地球科学等课程。这些课程可以让学生了解和掌握自然科学领域的基本原理、实验技巧和应用方法，增强学生的科学素养和创新能力。

外语类公共基础课：学校可以开设外语类公共基础课，如英语、法语、德语、日语等课程。这些课程可以让学生掌握外语的基本技能，增强学生的跨文化交流能力和国际竞争力。

综合类公共基础课：学校可以开设综合类公共基础课，如信息技术、创新思维、职业生涯规划等课程。这些课程可以让学生掌握现代社会所需的各种技能和素质，增强学生的综合素质和实践能力。

（2）开设实践课程是现代高等教育中的一个重要环节，它可以通过以下几个方面来实现。

实验课程：学校可以为学生开设各种实验课程，如化学实验、物理实验等。这些课程可以让学生在实验中掌握学科知识和技能，锻炼他们的实验能力和科学素养，同时也可以提高他们的创新意识和独立思考能力。

实训课程：学校可以为学生开设各种实训课程，如机械实训、电子实训等。这些课程可以让学生在实训中掌握实践技能和操作方法，增强他们的动手能力和实践经验，同时也可以提高他们的职业素质和就业能力。

实习课程：学校可以为学生安排各种实习课程，如企业实习、社会实践等。这些课程可以让学生接触到真实的职场环境和工作流程，锻炼他们的职业素质和社会适应能力，同时也可以促进他们的就业和创业发展。

实践教学：学校可以将实践教学融入课程中，如案例分析、模拟演练等。这种方式可以让学生在实践中掌握知识和技能，增强他们对理论知识的理解和应用能力，同时也可以提高他们的创新思维和问题解决能力。

跨学科实践：学校可以为学生开设跨学科实践课程，如设计竞赛、创业大赛等。这些课程可以让学生在实践中接触到不同学科领域的知识和技能，锻炼他们的跨学科思维和综合能力，同时也可以促进他们的创新创业发展。

开设实践课程是现代高等教育中的一个重要环节，可以通过实验课程、实训课程、实习课程、实践教学和跨学科实践等方面来实现。学校应该注重实践课程的开设和优化，为学生提供充分的实践机会和平台，让他们在实践中掌握和应用学科知识和技能，增强实践能力和职业素质，从而更好地实现自我成长和发展。

（3）开设创新创业类课程是现代高等教育中的一个重要环节，它可以通过以下几个方面来实现。

创新思维课程：学校可以为学生开设各种创新思维课程，如设计思维、创意思维等。这些课程可以让学生了解和掌握创新思维的基本理论和方法，培养他们的创新意识和创造力，同时也可以提高他们的问题解决能力和判断能力。

商业模式设计课程：学校可以为学生开设商业模式设计课程，让学生了解商业模式的基本概念和设计方法，培养他们的商业思维和市场分析能力，同时也可以提高他们的创业素质和竞争力。

创新创业实践课程是学校教育中非常重要的一环。学校可以为学生开设创新创业实践课程，如创业实训、创新竞赛等。这些课程可以让学生在实践中掌握和应用创新创业知识和技能，增强他们的创业经验和实践能力，同时也可以提高他们的创新创业成功率和市场竞争力。

创新创业实践课程可以帮助学生深入了解创业过程和创业环境。通过参与创新创业实践课程，学生可以了解创业的基本概念、流程和方法，以及创业所面临的风险和机遇。同时，学生还可以了解创新创业领域的前沿动态和市场趋势，掌握相关的知识和技能。

创新创业实践课程可以提升学生的创业能力和实践能力。在创新创业实践课程中，学生需要从构思到落地，不断完善自己的创业计划，并进行实践操作。通过参与实践，学生可以不断提高自己的创业能力和实践能力，增强自己的创新意识和创业精神。

创新创业实践课程还可以为学生提供更多的就业机会和职业发展空间。随着社会的不断发展，越来越多的人开始选择创业，而创业所需要的人才也变得越来越多。参与创新创业实践课程可以让学生在未来的职业发展中具备更多的优势和竞争力，同时也可以拓宽其就业渠道和增加就业机会。

创新创业实践课程可以培养学生的创新思维和团队协作精神。在创新创业实践课程中，要求学生有创造性地思考问题并解决问题，这可以帮助学生培养创新思维和创新能力。此外，学生在实践过程中需要与他人进行合作，相互协作、交流和沟通，这可以培养学生的团队协作精神和领导力。

（4）创业导师制是大学教育中非常重要的一环，特别是在推动大学生使命教育深入开展的过程中更为关键。学校可以为学生提供创业导师制度，让学生接受专业的创业指导和辅导。

创业导师制可以提供专业的指导和支持。学校可以邀请具有丰富创业经验和知识背景的导师来校，为学生提供专业的创业指导和支持。这些导师可以从市场研究、商业模式、融资策略等多个方面提供实用性的建议和指导，帮助学生更好地把握创业机会，规避风险，提高创业成功率。

创业导师制可以增强学生的自信和动力。创业是一个充满挑战和风险的过程，对于很多学生来说可能会有很大的心理压力。通过接受创业导师的指导和支持，可以使学生更加自信，使其有动力地面对创业过程中的各种困难，从而更好地实现自己的创业梦想。

创业导师制可以提高学生的创业成功率和发展前景。通过接受创业导师的指导和支持，学生可以更加全面地了解市场和行业的情况，制订更为科学和可行的商业计划，同时也可以获得更多的资源和机会，提高自己的创业成功率和发展前景。

创业导师制是推动大学生使命教育深入开展的重要手段。通过为学生提供专业的创业指导和辅导，可以帮助他们更好地把握创业机遇，规避风险，提高创业成功率。学校应该注重创业导师的引进和培养，为学生提供更加优质的创业导师资源，让他们能够得到更好的创业发展和成长。

开设丰富多彩的课程是现代高等教育中的重要任务之一，学校可以通过开设思想政治理论课、公共基础课、实践课和创新创业类课程等方式，为学生提供更全面、更系统的知识和技能，同时也可以培养学生对家国情怀和社会责任的认知和理解。

二、实践活动

实践活动是现代高等教育中的一个重要环节，它可以通过以下几个方面来实现。

社区服务：学校可以组织学生参与到各种社区服务活动中来，如义工、环保、扶贫等。这些活动可以让学生了解社区问题和需求，锻炼他们的公民意识和社会责任感，同时也可以提升他们的组织协调能力和团队合作能力。

文化交流：学校可以组织学生参加各类文化交流活动，如文艺演出、国际文化交流等。这些活动可以让学生接触到不同文化背景和价值观，增强他们的跨文化交流能力和国际视野，同时也可以拓展他们的兴趣爱好和人际关系。

科技创新：学校可以为学生提供科技创新平台和机会，如科技竞赛、科研项目等。这些活动可以让学生接触到科学研究的方法和技巧，锻炼他们的科学素养和创新能力，同时也可以提高他们的竞争能力和实践能力。

志愿者活动：学校可以组织学生参加各类志愿者活动，如文化活动、环保活动、公益活动等。这些活动可以让学生了解社会问题和需求，锻炼他们的服务意识和社会责任感，同时也可以提升他们的组织协调能力和团队合作能力。

实践教学：学校可以将实践教学融入课程中，如实验教学、场地实习、企业实习等。这种方式可以让学生在实践中掌握知识和技能，增强他们对理论知识的理解和应用能力，同时也可以帮助学生更好地适应职场环境和要求。

实践活动是现代高等教育中的一个重要环节，可以通过社区服务、文化交流、科技创新、志愿者活动和实践教学等方面来实现。学校应该注重实践活动的开发和利用，为学生提供多样化的实践机会和平台，让他们身体力行、增强社会责任感和担当意识，从而更好地实现自我成长和发展。

三、学术研究

学术研究是学校教育中非常重要的一项工作。学术研究可以帮助学生深入了解专业知识和领域。通过参与学术研究，学生可以更加深入地了解自己所学专业的理论和实践，掌握相关的知识和技能。同时，学术研究还可以让学生了解前沿动态和发展趋势，拓宽自己的知识面和视野。学校应该鼓励学生积极参与学术研究，深入探究国家和社会的重要问题，提升学生的综合素质和分析能力。

学术研究需要学生具备扎实的专业知识、严密的逻辑思维和创新能力。通过参与学术研究，可以让学生不断提高自己的研究能力和分析能力，锻炼自己的综合素质和创新意识。

学术研究也可以帮助学生培养团队合作精神和领导力。在学术研究中，学生需要与他人进行合作，相互协作、交流和沟通。通过参与学术研究，可以让学生更好地发挥个人优势，同时也可以培养学生的团队合作精神和领导力。

学术研究还可以为学生未来的职业发展打下坚实的基础。随着社会的不断发展，对具备研究能力和创新意识的人才需求越来越大。通过参与学术研究，可以帮助学生提前了解自己所学专业的发展趋势和前景，拓宽就业渠道和机会。

四、社团组织

鼓励学生积极参加各类社团组织是推动大学生使命教育深入开展的重要手段。通过参与社团组织，学生可以发挥自己的特长和优势，增强集体意识和团队合作精神，同时也能够丰富自己的人生经验和视野。

社团组织可以提供学生丰富多彩的活动和项目，不同的社团组织涵盖了各种不同的领域和兴趣，如文化艺术、体育竞技、科技创新等，学生可以根据自己的兴趣和特长选择最适合自己的社团组织，并参加其中的各种活动和项目。这样可以让学生更好地锻炼自己的实践能力和综合素质，同时也可以拓宽自己的人脉和社交圈子。

社团组织可以培养学生的集体意识和团队合作精神。在社团组织中，学生需要与其他成员紧密合作，共同完成各种任务和项目。通过这样的合作过程，学生可以感受到集体的力量和团队的价值，从而深化自己的集体意识和团队合作精神。

社团组织可以为学生提供更多的成长机会。在社团组织中，学生可以担任各种不同的职务和角色，如组长、志愿者、活动策划等，通过这样的实践经验，他们可以锻炼自己的领导能力、沟通能力和创新能力。这些能力对于学生未来的职业发展和人生规划都具有非常重要的意义。

鼓励学生积极参加各类社团组织，是推动大学生使命教育深入开展的重要方式。通过参与社团组织，学生可以发挥自己的特长和优势，增强集体意识和团队合作精神，同时也能够丰富自己的人生经验和视野。学校应该注重社团组织的培养和管理，为学生提供更加丰富和有质量的社团组织，让他们能够得到更好的发展和成长。

五、加强国际交流

加强国际交流是现代高等教育中的重要任务之一，它可以帮助学生具有全球化视野和国际竞争力，促进跨文化交流和学术合作。

学校可以开设国际化课程，如国际商务、全球化与文化多样性等课程。开设国际化课程可以帮助学生了解和掌握跨文化沟通和合作的方法和技巧，增强学生的国际视野和跨文化交流能力。

学校可以积极推动留学交流，包括出国留学、境外研修等形式。通过这些交流活动，学生可以接触到不同国家和地区的人文环境和教育体系，增强学生的语言能力和文化素养，培养学生的国际胸怀和创新精神。

学校可以建立国际合作项目，如联合培养、科研合作等项目。通过这些合作项目，学生可以与海外优秀的学生和学者进行交流和合作，获得更广泛的学术和文化资源，增强学生的国际竞争力和创新能力。

学校可以举办国际性学术会议，如国际研讨会、论坛等。通过这些学术会议，学生可以与国内外优秀的学者和专家进行交流和合作，了解最新的研究成果和前沿动态，提高学生的学术水平和研究能力。

加强国际交流是现代高等教育中的重要任务之一，学校可以通过开设国际化课程、推动留学交流、建立国际合作项目、举办国际性学术会议等方式，为学生提供更广阔的视野和更丰富的资源，促进学生的跨文化交流和学术合作，培养学生的国际胸怀和创新精神，提高学生的国际竞争力。

通过推行多元化教育形式，可以更好地满足学生的个性化需求，激发学生的学习兴趣和创造力，提高其对家国情怀和社会责任的认知和理解。

第四节　加强国际交流

一、加强语言教育

加强外语学习是现代高等教育中的一个重要环节，它可以通过以下几个方面来实现。

提供多种外语课程：为了满足学生的多样化需求，学校应提供多种外语课程，以便学生能够选择适合自己的学习内容。这样可以帮助学生培养多语言能力和跨文化交流能力。同时，多种外语课程的设置也有助于拓宽学生的视野，增加他们对不同国家和文化的了解。此外，学校还可以邀请外籍教师或开设国际交流项目，提供更真实的语境和交流机会，让学生能够更好地掌握外语技能。通过提供多种外语课程，学校能够满足学生的不同需求，培养出具备跨文化交流能力的全面发展的人才。

高校需要针对不同专业和学生的特点，制订科学合理的语言教育方案。例如，对于文科类学生，应该注重阅读理解和写作能力的培养；对于理工科类学生，应该注重听说表达和实践操作能力的培养。同时，还应该结合实际情况，采用灵活多样的教学方法，如课堂讲授、小组讨论、实验演示等方式，提高学生的语言表达和理解能力。

高校还应该加强语言教育的评价和反馈机制，及时了解学生的语言表达和理解水平，并给予相应的指导和建议。例如，开展听力测试、口语表达比赛、读书报告等活动，对学生的表现进行评价和反馈，并针对不同层次和需求，提供个性化的辅导和支持。

高校还可以开展一系列与语言教育相关的活动，如英语角、语言文化节、讲座等，为学生提供更多的语言交流和实践机会。

高校还应该注重教师团队建设，培养一支专业化、高水平的语言教师队伍，为学生提供更好的语言教育服务。教师需要不断更新教育理念和教学方法，加强自身的语言表达和理解能力，提高教学质量和效果。

提供国际交流机会是提高学生国际视野和语言交流能力的重要手段之一。学校可以与海外学校建立双向交流项目，包括短期交换、暑期课程、全年制留学等多种形式，让学生有机会到海外学习和交流。这种交流项目可以增强学生的跨文化沟通和交流能力，拓宽他们的国际视野和经验。学校可以与海外高校、研究机构等建立合作研究项目，开展科技研发、学术交流、人才培养等活动，促进资源共享和优势互补。这种合作项目可以为学生提供更好的科研环境和机会，培养其科研创新能力和竞争力。学校可以设立奖学金项目，资助学生赴外留学和交流，减轻学生和家庭的经济压力。这种奖学金项目可以为学生提供更多的留学机会和平台，提高他们的国际竞争力和就业能力。学校可以开设海外实习项目，让学生有机会到海外企业、研究机构等进行实习和实践。这种实习项目可以为学生提供更好的职业发展机会和平台，增强其实践能力和创新能力。学校可以提供语言培训课程，如英语、日语、德语等多种语言，让学生掌握跨文化交流和语言沟通的基本技能。这种语言培训课程可以为学生提供更多的语言学习机会和资源，提高其语言交流能力和国际视野。

提供国际交流机会是拓宽学生国际视野和语言交流能力的重要手段之一，学校应该注重国际交流机会的开设和推广。同时，学生也需要在国际交流中保持开放、尊重、合作的态度，充分发挥语言和文化的优势和价值，为个人和社会创造更多的价值。

高校还可以组织各种语言文化活动，如语言角分享会、语言文化节、国际友好交流等，为学生提供更广泛的语言学习和实践机会。这些活动既能促进学生之间的交流和合作，又能增强学生的跨文化交流能力和全球视野，提高他们的语言综合能力和社会责任感。

高校还可以加强语言教学的实践应用，将语言学习与实际使用相结合。例如，开设语言实践课程、组织社会实践活动等，让学生在实践中提高语言能力和跨文化交流能力。

高校还需注重教师团队建设，培养一支具有语言教学和跨文化交流经验的教师队伍，为学生提供更好的语言教育服务。教师需要不断更新教育理念和教学方法，加强自身的语言表达和理解能力，提高教学质量和效果。

参加国际会议是学生拓展国际视野的重要途径。积极参加国际性的学术会议、商务会议等，可以让学生了解国际标准和最新发展趋势，促进他们在未来的职业发展中具备更多的优势和竞争力。

参加国际会议可以让学生深入了解国际标准和最新发展趋势。国际会议通常汇集了全球各行业和领域的专家学者和业内人士，可以通过与他们交流和互动，了解最新的研究成果、技术应用和市场趋势，掌握国际标准和前沿动态。

参加国际会议可以帮助学生建立国际化的人脉网络。国际会议是各行业和领域的专家学者和业内人士的聚集地，通过参加国际会议，学生可以与这些人士进行交流和沟通，建立国际化的人脉网络，并了解各国文化和思维方式，开拓自己的国际视野。

参加国际会议还可以提高学生的英语水平和跨文化交际能力。国际会议通常使用英语作为主要的交流语言，通过参加国际会议，学生可以锻炼自己的英语听说读写能力，并学习各国文化和思维方式，提高自己的跨文化交际能力和适应性。

参加国际会议也可以为学生的职业发展打下坚实的基础。随着社会的不断发展，越来越多的企业和组织需要具备国际化视野和跨文化交际能力的人才。通过参加国际会议，学生可以拓宽自己的就业渠道和机会，增强自己的竞争力和市场价值。

参加国际会议是学生拓展国际视野的重要途径。通过积极参加国际性的学术会议、商务会议等，可以让学生了解国际标准和最新发展趋势、建立国际化的人脉网络、提高英语水平和跨文化交际能力以及为职业发展打下坚实的基础。

二、建立国际交流平台

建立国际交流平台，提供交流和合作的机会，为企业、学校和个人的国际化交流提供便利。

学校可以与国外高校、研究机构等建立学术交流合作关系，开展学生交流、教师访问、研讨会等活动，推进学术研究和合作项目的开展。这种交流可以丰富学生的学术阅历和视野，促进学术成果的转化和创新。

学校可以与国外企业建立交流合作关系，开展企业实习、招聘、技术合作等活动，推进企业发展和创新。这种交流可以帮助学生更好地了解国际市场和行业动态，提高他们的国际竞争力和就业能力。

学校可以与国外文化机构、社团等建立文化交流合作关系，开展文化交流活动，如文化节、艺术展览、语言培训等。这种交流可以帮助学生更好地了解不同国家和地区的文化背景和特点，提高他们的跨文化沟通和交流能力。

学校可以与国外高校、企业等开展国际合作项目，如科技研发、人才培养、创新创业等。这种合作可以促进资源共享和优势互补，推动科技成果的转化和应用。

学校可以为学生提供国际交流项目的机会，如留学、交换生、国际志愿者等。这种交流可以让学生更好地了解不同国家和地区的教育体系和文化背景，提高他们的适应能力和国际视野。

建立国际交流平台是推进国际化交流和合作的重要手段之一，学校应该注重国际交流平台的建设和推广，为学生和教师提供更多的国际交流机会和平台。同时，学生也需要在国际交流中保持开放、尊重、合作的态度，充分发挥语言和文化的优势和价值，为个人和社会创造更多的价值。

第五节　强化综合素质评价

为了更好地促进大学生使命教育的实施，高校需要强化综合素质评价，以全面、客观、科学的方式对学生的综合素质进行评价。

设计科学合理的评价指标是高校综合素质教育的重要保障。为此，高校需要制定科学、合理的综合素质评价指标体系，并根据不同专业和学生个体差异，设计相应的评价指标和方法。

高校需要根据综合素质教育目标和要求，制定科学、合理的评价指标体系。这个指标体系应该包括思想政治品德、学业水平、创新能力、实践能力、身心健康等方面的评价指标，既要考虑到学生的基本素质，也要考虑到学生的全面发展。同时，指标体系的设计应该遵循科学性、客观性、可操作性等原则，确保对学生的评价具有权威性和可信度。

高校还需要针对不同专业和学生个体差异，设计相应的评价指标和方法。不同专业的学生所需要具备的素质和能力有所不同，例如，文科类学生需要注重语言表达和人文素养，而理工科类学生需要注重实践动手能力和科技创新能力。因此，在制订评价指标时，要结合不同专业的特点和要求，制订相应的指标体系和评价方法。同时，还要考虑到学生个体差异，采用多元化的评价方法，如自我评价、同学互评、老师评价、实践表现等方式，全面客观地评价学生的综合素质。

高校还需要建立科学合理的评价机制，确保评价结果能够得到有效运用和反馈。评价结果可以作为学生申请奖学金、出国留学、就业等方面的重要依据，同时也可以作为高校教育教学改革的参考和依据。因此，要建立完善的数据管理和分析系统，对评价结果进行统计、分析和反馈，及时调整和优化评价指标和方法，提高综合素质教育的质量和效果。

设计科学合理的评价指标是高校综合素质教育的重要保障。高校应该根据综合素质教育的目标和要求，制订全面、多元的评价指标体系。这包括学术能力、创新能力、实践能力、人文素养、社会责任等方面的评价指标。同时，也要考虑到不同专业的特点和学生的个体差异，灵活地设计相应的评价指标和方法。评价指标应该具有可操作性和可衡量性，能够客观准确地反映学生在各个方面的发展水平。

科学合理的评价机制应该注重综合评价和个性化评价相结合。除了传统的考试和论文评估外，还可以采用项目报告、作品展示、实践成果展示等方式的评价。同时，应该注重对学生的个体差异进行评价和反馈，为他们提供个性化的指导和支持，帮助他们充分发挥潜力和实现自我价值。

引入多元化评价方式是推动大学生使命教育深入开展的重要手段。通过引入多元化的评价方式，包括成绩考核、作品展示、实践实训、竞赛获奖、社会活动等方面，为学生提供更加全面、客观、公正的评价结果。通过建立科学、公正、透明的成绩考核机制和标准，确保学生成绩的客观性和可比性。

高校应该加强对教师的管理体系建设，建立健全的教师管理流程和规范化的管理制度。在建设过程中，高校应该注重制度的科学性和合理性，充分考虑教师的特点和需求，确保制度的公正、透明和可操作性。同时，高校也应该加强对教师的宣传和教育，让他们了解管理制度的意义和价值，从而更好地投入到教学工作中去。学校可以为教师提供更多的资源支持，以此来促进教育教学质量的不断提高和学生综合素质的全面发展。具体而言，资源支持包括但不限于以下几个方面：提供实验室设备、提供图书资料、提供科研经费、提供信息化支持、提供人才支持等。

通过为教师提供更多的资源支持，可以为教育教学和科研工作提供必要的支持和保障，促进教学质量的不断提高和学生综合素质的全面发展。同时，也可以为学校吸引更多优秀的教育人才，提高学校的知名度和声誉。

加强教师培训和管理是提高教学质量和学生综合素质的重要手段之一，学校应该注重教师培训和管理的推广和开展。同时，教师也需要在教学过程中保持热情、创新、负责的态度，充分发挥自己的专业技能和素质优势，为学生的成长和发展做出更多的贡献。

引导学生主动参与是高校综合素质教育的重要手段。通过引导学生参与综合素质评价，让他们了解自己的优势和不足，制订个性化的提升计划，可以促进学生全面发展和自我提升。高校可以通过开展自我评价、同学互评等形式，引导学生主动参与综合素质评价。例如，将综合素质评价纳入学生年度综合测评中，让学生通过填写问卷、进行自我评价、互相评价等方式，了解自己在思想政治品德、学业水平、创新能力、实践能力、身心健康等方面的表现，并得到老师的评价和反馈。

高校还可以通过组织社会实践、志愿服务、科技创新等活动，鼓励学生积极参与，提升综合素质。例如，组织社会实践团队，让学生深入社区、企业、农村等地进行实践活动，锻炼学生的实践能力和团队合作精神；开展科技创新竞赛等活动，激发学生的创新潜能和研究兴趣，提高他们的科技创新能力。

高校还可以建立个性化的综合素质提升计划，引导学生根据自身情况制订具体的目标和行动计划。例如，通过开展心理咨询、职业规划等课程，帮助学生了解自己的兴趣爱好、优势和不足，明确个人发展方向和目标，并制订相应的提升计划和实施方案。

高校还需要建立良好的反馈机制，及时向学生反馈评价结果和提升建议。例如，通过面谈、信函、电话等方式，向学生介绍评价结果和提供个性化的提升建议，鼓励学生进一步加强自我学习和提升，全面发展自己。

通过开展自我评价、同学互评、组织社会实践和科技创新等活动，建立个性化的综合素质提升计划和反馈机制，可以促进学生全面发展和自我提升，提高综合素质教育的质量和效果。通过强化综合素质评价，可以更好地激发学生的学习兴趣和创造力，提高其对家国情怀和社会责任的认知和理解。同时，也可以促进教师的教学改革和素质提升，为学生提供更加优质的教育服务。

参考文献

[1] 姚雪青，金正波，李俊杰，等 . 向着新目标 奋楫再出发 [N]. 人民日报，2023-03-27.

[2] 赵承，霍小光，张旭东，等 . 为中国人民谋幸福 为中华民族谋复兴 [N]. 人民日报，2022-10-15.

[3] 刘毅 . 美丽中国建设迈出重大步伐 [N]. 人民日报，2022-09-16.

[4] 赵婀娜，丁雅诵，黄超 . 创新方式方法 确保取得成效 [N]. 人民日报，2023-05-04.

[5] 本报评论员 . 把主题教育谋划好、组织好、落实好 [N]. 人民日报，2023-04-09.

[6] 本报评论员 . 紧紧锚定开展主题教育的目标任务 [N]. 人民日报，2023-04-07.

[7] 中共中央，国务院 . 关于进一步加强和改进大学生思想政治教育的意见 [N]. 人民日报，2004-10-15.